Lekti Kreyòl
Liv Pwofesè

Wilson Douce

Lekti Kreyòl Liv Pwofesè
By Wilson Douce

© Copyright Wilson Douce 2021
ISBN: 978-1-956241-13-6
Color

ALL RIGHTS RESERVED. No part of this book may be reproduced, scanned or transmitted in any forms, digital, audio or printed, without the expressed written consent of the author.

Illustration: Anya Cartwright

Douce/Lekti Kreyòl

Prezantasyon otè a

Non mwen se Wilson Douce. Mwen travay nan edikasyon pandan 27 dènye ane pase yo. Kòmanse nan peyi lakay mwen, mwen diplome nan lekòl nòmal (lekòl ki fòme pwofesè) an 1991 nan ansèyman lang etranje (anglè, espanyòl, fransè) ak nan lang natif natal mwen, kreyòl ayisyen. Aprè mwen te resevwa yon sètifikasyon ak diplòm (Premye nivo inivèsitè) nan Inivèsite Leta an Ayiti nan ansèyman lang etranje, apre sa mwen antre nan depatman lengwistik kote mwen konplete 4 ane etid (Premye nivo inivèsitè). Mwen te antre nan Stony Brook University nan New York, Ozetazini an 1996 epi mwen te konplete metriz mwen (MATESOL) an 1998. Mwen te retounen an 2008 pou yon dezyèm metriz nan boza liberal e yon diplòm avanse nan edikasyon enfòmatize. Pita, mwen te kontinye epi fini yon twazyèm metriz nan lang espanyòl ak literati e yon lòt diplòm avanse nan lidèchip edikasyon. Kounyeya mwen enskri nan yon pwogram rechèch doktora nan lengwistik aplike nan Inivèsite Aston, nan Wayòm Ini.

Mwen te travay pandan 7 lane youn apre lòt ann Ayiti kòm pwofesè anglè kòm lang etranje (EFL), espanyòl, nan 7 diferan lekòl segondè piblik ak prive e yon lane literati lang fransè. Mwen te anseye kreyòl ayisyen nan enstitisyon entènasyonal tankou United Peace Corps, Nasyonzini, Òganizasyon Eta Ameriken (OEA), Lakwa Wouj, Doktè san fwontyè ak anpil lòt ankò. Mwen te travay tou pandan 3 zan kòm Asistan Direktè nan yon lekòl relijye prive (Enstitisyon Emmanuel) epi direktè pwogram alfabetizasyon lekòl diswa a. Mwen te travay kòm konsiltan tradiksyon kreyòl ayisyen pou BOCES e Depatman Edikasyon Eta New York (NYSED) ant 2000-2003. M anseye ESL/ENL nan de distri diferan nan Long Island pandan 22 dènye ane yo (Wyandanch ak Huntington).

Entwodiksyon Lekti Kreyòl

Pandan tout ane mwen kòm yon pwofesyonèl nan zafè lang, espesyalman pandan mwen t ap anseye kreyòl ayisyen nan United Peace Corps ak volontè Nasyonzini, mwen te remake yon mank tèks kout ak materyèl ki apwopriye pou aktivite lang ki vize tout kat abilite lang yo. Se lè sa a lide liv (**Lekti Kreyòl**) la te pran nesans. Lide a te an jestasyon pou omwen 27 ane. Mwen te kòmanse liv la nan yon kaye nòt. Te gen chans pou antre nòt yo nan yon òdinatè nan kòmansman ane 90 yo. Liv la gen yon total 25 tèks ki kouvri 25 sijè diferan. Chak chapit kòmanse ak yon tèks kout, ki gen annapre yon mini dyalòg ak divès kalite aktivite konpreyansyon lekti, pratik son kreyòl ayisyen e aktivite ekriti. Liv elèv la fini ak yon glosè nan 5 lang ki gen ladan yo respektivman kreyòl ayisyen, anglè, fransè, espanyòl e alman. Pou ofri pratik pwolonje nan tout aspè kreyòl ayisyen an, Liv Etidyan an gen yon Liv Pwofesè ki koresponn ak li, ki gen kle repons Liv Etidyan an. Genyen tou twa Liv Aktivite ki etann sou twa nivo pou etidyan kreyòl ayisyen ki debitan, entèmedyè e avanse kapab jwenn anpil fason pou pratike lang nan. Gwoup liv yo gen ladan yon Liv Evalyasyon ki mezire aprantisaj kontni lang ki nan Liv Etidyan an. Evalyasyon an sibdivize an senk seksyon epi chak seksyon kouvri senk chapit. Lè yo fini tout pwogram nan, nou bay etidyan k ap aprann kreyòl ayisyen yon sètifika ki di yo konplete avèk siksè kou sa a ki baze sou lekti. Pou moun ak enstitisyon ki kite papye pou yo angaje yo nan aprantisaj sou entènèt, gen bon nouvèl. Tout pwogram nan disponib sou entènèt.

Moun ak enstitisyon ki soti nan Lekòl Elemantè, Mwayen (Middle School), Lekòl Segondè, Kolèj ak Inivèsite oswa lòt pwogram, ka achte ni kopi an papye ni vèsyon sou entènèt pwogram aprantisaj kreyòl ayisyen sa a. Pou fè sa, kontakte youn nan Imèl sa yo: **wdouce@gmail.com** oubyen **info@thefamilyvenue.com**. Mwen espere ou pral rejwi pou aprann e pratike kreyòl ayisyen ak pwogram sa a ki fèt pandan n ap panse a nou tout.

Salitasyon,
Wilson Douce, otè

Douce/Lekti Kreyòl

Bio-Introduction

My name is Wilson Douce. For the last 27 years, I have been involved in education. I began in my home country: in 1991, I graduated from the Normal School (Teachers' Training School) in Foreign Language Instruction (English, Spanish, and French) and in my native language, Haitian Creole. Then, after receiving a certification and diploma (Bachelor's) from the State University of Haiti in Foreign Language Instruction, I entered the Department of Linguistics, where I completed four years of coursework (a second Bachelor's). In 1996, I entered Stony Brook University in New York, USA, and completed my MATESOL in 1998. In 2008, I returned for a second Master's in Liberal Arts and an Advanced Graduate Certificate in Educational Computing. Later, I completed a third Master's in Hispanic Language and Literature and attained an Advanced Graduate Certificate in Educational Leadership. Currently, I am enrolled in a doctoral research program in Applied Linguistics at Aston University, UK.

For seven years, I worked in Haiti as a successful EFL and Spanish teacher in seven different public and private high schools and, for one year, as a French literature teacher. I taught Haitian Creole in many international institutions, such as the United Peace Corps, United Nations, Organization of American States (OAS), Red Cross, Doctors Without Borders, and many more. Moreover, for three years, I worked as an Assistant Director at a private religious school (Institution Emmanuel) and served as the Director of their evening literacy program. I worked as a Haitian Creole translation consultant for BOCES and New York State Education Department (NYSED) from 2000-2003. For the last twenty-two years, I have been teaching ESL/ENL in two different districts—Wyandanch and Huntington—in Long Island.

Introduction to Lekti Kreyòl

Throughout my years as a language professional, and especially as I taught Haitian Creole to United Peace Corps and United Nations volunteers, I recognized a gap in the availability of short texts and appropriate targeted language activities materials in all four language skills. This is when the idea for this book (**Lekti Kreyòl**) was born, an idea that has been in the making for at least twenty-seven years. In a notebook, I made some preliminary notes, notes which, later, in the early 90s, I entered into a computer. The book has a total of twenty-five texts, covering twenty-five different topics. Each chapter starts with a short text, followed by a mini dialogue and activities on writing, reading comprehension, and Haitian Creole sounds practice. The Student's Book concludes with a five-language glossary that includes Haitian Creole, English, French, Spanish, and German. It has a corresponding Teacher's Book, where you will find answer keys to the activities in the Student's Book. To offer extended practice in all aspects of Haitian Creole, there are three Activity Books spread across three levels, for beginning, intermediate, and advanced Haitian Creole students to extensively practice the language. The set includes an Assessment Book that measures students' degree of learning of the Student's Book; this Assesssment Book is subdivided into five sections, with each section covering five chapters. At the completion of the entire program, a Haitian Creole learner is given a certificate of successful completion of this reading-based coursework. For individuals and institutions who are shifting from paper to online learning, there is good news. The entire program is **available online**. Individuals and institutions ranging from elementary, middle, and high schools, colleges, universities, and others can purchase both the hard copy and the online version of the Haitian Creole learning program. To get going, reach out to me at one of the following email ids: wdouce@gmail.com and info@thefamilyvenue.com. I hope you enjoy learning and practicing Haitian Creole with this program, which is crafted with all of you in mind.

Best regards,
Wilson Douce, author

Douce/Lekti Kreyòl

Présentation de l'auteur de Lekti Kreyòl

Je m'appelle Wilson Douce. Je suis impliqué dans l'éducation depuis 27 ans. J'ai commencé mes études dans mon pays d'origine et j'ai été diplômé de l'École Normale en 1991 en enseignement des langues étrangères (anglais, espagnol, français) et dans ma langue maternelle, le créole haïtien. Après avoir obtenu une certification et un diplôme (Diplôme de Premier Cycle Universitaire) à l'Université d'État d'Haïti en enseignement des langues étrangères, je suis entré au Département de Linguistique où j'ai suivi 4 ans de cours et obtenu un second diplôme de Premier Cycle Universitaire. Puis je suis entré à l'Université de Stony Brook à New York, aux États-Unis en 1996 et j'ai terminé ma maîtrise MATESOL en 1998. Je suis revenu à Stony Brook en 2008 pour une deuxième maîtrise en arts libéraux et un certificat d'études supérieures en informatique éducative. Plus tard, j'ai continué mes études pour terminer ma troisième maîtrise en langue et littérature hispaniques et passer un autre certificat d'études supérieures en leadership éducatif. Je suis actuellement inscrit à un programme de recherche doctorale en linguistique appliquée à l'Université d'Aston, au Royaume-Uni.

J'ai travaillé pendant 7 ans en Haïti en tant que professeur d'EFL et d'espagnol dans 7 lycées publics et privés différents et en tant que professeur de littérature française pendant 1 an. J'ai enseigné le créole haïtien dans de nombreuses institutions internationales telles que United Peace Corps, les Nations Unies, l'Organisation des États américains (OEA), la Croix-Rouge, Médecins sans Frontières et bien d'autres. J'ai également travaillé pendant 3 ans comme directeur adjoint d'une école religieuse privée (Institution Emmanuel) où j'étais également directeur du programme d'alphabétisation du soir. J'ai travaillé comme consultant en traduction en créole haïtien pour le BOCES et le Département de l'Éducation de l'État de New York (NYSED) de 2000 à 2003. Au cours des 22 dernières années, j'ai enseigné l'anglais comme seconde langue dans deux districts différents de Long Island (Wyandanch et Huntington).

Douce/Lekti Kreyòl

Introduction à Lekti Kreyòl

Tout au long de mes années en tant que professionnel de la langue, alors que j'enseignais le créole haïtien aux volontaires de United Peace Corps et des Nations Unies, j'ai remarqué un cruel manque de textes cours et de matériels d'activités linguistiques ciblées appropriés aux quatre compétences linguistiques. C'est alors qu'est née cette idée du livre (**Lekti Kreyòl**); idée en gestation depuis au moins 27 ans. J'ai commencé le livre dans un cahier où les notes avaient heureusement été saisies dans un ordinateur au début des années 90. Le livre contient un total de 25 textes couvrant 25 sujets différents. Chaque chapitre commence par un texte court, suivi d'un mini dialogue et de diverses activités de compréhension de lecture, de pratique des sons du créole haïtien et d'activités d'écriture. Le livre de l'étudiant se termine par un glossaire en 5 langues comprenant respectivement le créole haïtien, l'anglais, le français, l'espagnol et l'allemand. Pour offrir une pratique étendue dans tous les aspects du créole haïtien, le livre de l'étudiant a un livre de l'enseignant correspondant avec les corrigés du livre de l'étudiant. Il existe également trois cahiers d'activités répartis sur trois niveaux pour que les étudiants en créole haïtien débutants, intermédiaires et avancés puissent pratiquer la langue de manière approfondie. L'ensemble comprend un livre d'évaluation qui mesure l'apprentissage du contenu linguistique du livre de l'étudiant. L'évaluation est subdivisée en cinq sections et chaque section couvre cinq chapitres. À la fin de l'ensemble du programme, un apprenant en créole haïtien reçoit un certificat de réussite de ce cours basé sur la lecture. Pour les personnes et les institutions qui délaissent le papier pour se lancer dans l'apprentissage en ligne, il y a de bonnes nouvelles. L'ensemble du programme est disponible en ligne. Les personnes et les institutions allant de l'élémentaire, en passant par le collège (middle school), le lycée et les universités peuvent acheter à la fois la copie papier et la version en ligne de ce programme d'apprentissage du créole haïtien. Pour commencer, contactez-moi en écrivant à l'une des adresses mails suivantes: **wdouce@gmail.com** et **info@thefamilyvenue.com**. J'espère que vous prendrez plaisir à apprendre et à pratiquer le créole haïtien avec ce programme qui a été conçu en pensant à vous!

Meilleures salutations,
Wilson Douce, auteur

Presentación del autor

Mi nombre es Wilson Douce. He estado involucrado en la educación durante los últimos 27 años. Comencé en mi país de origen, me gradué de la Escuela Normal (Escuela de Formación de Maestros) en 1991 en Instrucción de Idiomas Extranjeros (inglés, español, francés) y en mi lengua materna, el criollo haitiano. Después de recibir una certificación y un diploma (licenciatura) de la Universidad Estatal de Haití en instrucción de idiomas extranjeros, ingresé al Departamento de Lingüística donde completé 4 años de cursos (una segunda licenciatura). Entré en la Universidad de Stony Brook en Nueva York, EE. UU. (1996) y completé mi maestría (MATESOL) en 1998. Regresé en 2008 para una segunda maestría en Artes Liberales y un certificado de posgrado avanzado en Computación Educativa. Posteriormente, completé una tercera maestría en Lengua y Literatura Hispánicas y otro certificado de posgrado avanzado en Liderazgo Educativo. Actualmente estoy inscripto en un programa de investigación de doctorado en lingüística aplicada en la Universidad de Aston, en el Reino Unido.

Trabajé durante 7 años en Haití como profesor de inglés y español en 7 escuelas secundarias —públicas y privadas— y como profesor de literatura francesa durante un año. Enseñé criollo haitiano a funcionarios de muchas instituciones internacionales como United Peace Corps, Naciones Unidas, Organización de Estados Americanos (OEA), Cruz Roja, Médicos Sin Fronteras, entre otras. También trabajé durante 3 años como subdirector de una escuela religiosa privada (Institución Emmanuel) y como director de su programa de alfabetización vespertino. Trabajé como consultor de traducción al criollo haitiano para BOCES y el Departamento de Educación del Estado de Nueva York (NYSED) de 2000 a 2003. He enseñado inglés como segundo idioma en dos distritos diferentes de Long Island durante los últimos 22 años (Wyandanch y Huntington).

Douce/Lekti Kreyòl

Introducción a Lekti Kreyòl

A lo largo de mis años como profesional del idioma, especialmente cuando enseñaba criollo haitiano a voluntarios del United Peace Corps y de las Naciones Unidas, noté la falta de textos breves y de materiales de actividades específicas en las cuatro habilidades lingüísticas. Fue entonces cuando nació la idea del libro **Lekti Kreyòl**. La idea se ha estado gestando durante al menos 27 años. Comencé el libro en un cuaderno y luego, a principios de los 90, empecé a ingresar las notas en la computadora.

El libro tiene un total de 25 textos que cubren 25 temas diferentes. Cada capítulo comienza con un texto breve y continúa con un pequeño diálogo más varias actividades de comprensión lectora, práctica de sonidos del criollo haitiano y actividades de escritura. El Libro del Estudiante concluye con un glosario de cinco idiomas que incluyen, respectivamente: criollo haitiano, inglés, francés, español y alemán. Para ofrecer una práctica extendida en todos los aspectos del criollo haitiano, el Libro del Estudiante tiene su correspondiente Libro del Maestro, que contiene las claves de respuestas del Libro del Estudiante. También hay tres libros de actividades, distribuidos en tres niveles, para que los estudiantes principiantes de criollo haitiano, así como los intermedios y avanzados, puedan practicar el idioma extensamente. El conjunto incluye un Libro de Evaluación que mide el aprendizaje del contenido lingüístico del Libro del Estudiante. La evaluación se subdivide en cinco secciones y cada sección cubre cinco capítulos. Al finalizar todo el programa, cada alumno de criollo haitiano recibe un certificado de finalización satisfactoria del curso basado en lectura. Para las personas e instituciones que abandonan el papel para embarcarse en el aprendizaje virtual hay buenas noticias. El programa completo está disponible en línea. Individuos e instituciones —desde primaria, secundaria, preparatoria, colegios y universidades y otras— pueden comprar tanto la copia impresa como la versión en línea de este programa de aprendizaje en criollo haitiano.

Para comenzar, comuníquese con uno de los siguientes correos electrónicos: wdouce@gmail.com e info@thefamilyvenue.com. Espero que disfrute aprendiendo y practicando el criollo haitiano con este programa que fue diseñado pensando en todos los que desean o necesitan aprender esta lengua.

Atentamente,
Wilson Douce, autor

Präsentation des Autors

Mein Name ist Wilson Douce. Ich beschäftige mich seit 27 Jahren mit Bildung. Ausgehend von meinem Heimatland habe ich 1991 an der Normal School (Lehramtsschule) den Fremdsprachenunterricht (Englisch, Spanisch, Französisch) und in meiner Muttersprache Haitianisch-Kreolisch abgeschlossen. Nachdem ich ein Zertifikat und ein Diplom (Bachelor) von der State University of Haiti im Fremdsprachenunterricht erhalten hatte, trat ich dann in die Fakultät für Linguistik ein, wo ich vier Jahre Studienarbeit absolvierte (ein zweiter Bachelor). Ich habe 1996 an der Stony Brook University in New York, USA, studiert und mein MATESOL 1998 abgeschlossen. 2008 kehrte ich für einen zweiten Master in Geisteswissenschaften und ein Advanced Graduate Certificate in Educational Computing zurück. Später absolvierte ich einen dritten Master in hispanischer Sprache und Literatur und ein weiteres Advanced Graduate Certificate in Educational Leadership. Ich bin derzeit in einem Doktorandenprogramm in angewandter Linguistik an der Aston University in Großbritannien eingeschrieben.

Ich habe sieben Jahre in Haiti als EFL- und Spanischlehrer an sieben verschiedenen öffentlichen und privaten Gymnasien und ein Jahr als Französischlehrer gearbeitet. Ich habe vielen internationalen Institutionen haitianisches Kreolisch beigebracht, darunter das United Peace Corps, die Vereinten Nationen, die Organisation Amerikanischer Staaten (OAS), das Rote Kreuz, Ärzte ohne Grenzen und viele mehr. Ich arbeitete auch drei Jahre lang als stellvertretender Direktor einer privaten Religionsschule (Institution Emmanuel) und als Direktor ihres abendlichen Alphabetisierungsprogramms. Von 2000 bis 2003 arbeitete ich als Übersetzungsberater für Haitianisch-Kreolisch für BOCES und das New York State Education Department (NYSED). Ich habe in den letzten 22 Jahren in zwei verschiedenen Distrikten auf Long Island ESL unterrichtet (Wyandanch und Huntington).

Douce/Lekti Kreyòl

Einführung in Lekti Kreyòl

Während meiner Jahre als Sprachprofi, insbesondere als ich Haitianisches Kreol für das United Peace Corps und Freiwillige der Vereinten Nationen unterrichtete, bemerkte ich einen Mangel an kurzen Texten und geeigneten Materialien für gezielte Sprachaktivitäten in allen vier Sprachkenntnissen. Dies war die Geburtsstunde dieser Buchidee (**Lekti Kreyòl**). Die Idee ist seit mindestens 27 Jahren im Entstehen. Ich begann das Buch in einem Notizbuch, dessen Aufzeichnungen zum Glück Anfang der 90er Jahre in einen Computer übertragen wurden. Das Buch enthält insgesamt 25 Texte zu 25 verschiedenen Themen. Jedes Kapitel beginnt mit einem kurzen Text, gefolgt von einem Minidialog und verschiedenen Leseverständnissen, haitianischen kreolischen Klängen und Schreibaktivitäten. Das Schülerbuch wird mit einem 5-sprachigen Glossar abgeschlossen, das haitianisches Kreolisch, Englisch, Französisch, Spanisch und Deutsch umfasst. Um eine erweiterte Praxis in allen Aspekten des Haitianischen Kreols anzubieten, enthält das Schülerbuch ein entsprechendes Lehrerbuch mit den Antwortschlüsseln für das Schülerbuch. Es gibt auch drei Aktivitätsbücher, die auf drei Niveaus verteilt sind, für Anfänger, Mittelstufe und Fortgeschrittene, die die Sprache des Haitianischen Kreols ausgiebig üben können. Das Set enthält ein Bewertungsbuch, das das Erlernen der Sprachinhalte des Schülerbuchs misst. Die Bewertung ist in fünf Abschnitte unterteilt und jeder Abschnitt umfasst fünf Kapitel. Nach Abschluss des gesamten Programms erhält ein Haitian-Kreolisch-Lerner ein Zertifikat über den erfolgreichen Abschluss dieser lesebasierten Kursarbeit. Für Einzelpersonen und Institutionen, die vom Papier weggehen, um in das Online-Lernen einzusteigen, gibt es gute Nachrichten. Das gesamte Programm ist online verfügbar. Einzelpersonen und Institutionen aus der Grundschule, Mittelschule, Oberschule, Colleges und Universitäten können sowohl die gedruckte als auch die Online-Version dieses haitianischen kreolischen Lernprogramms erwerben. Um loszulegen, wenden Sie sich an eine der folgenden E-Mails: **wdouce@gmail.com** oder **info@thefamilyvenue.com**. Ich wünsche Ihnen viel Spaß beim Lernen und Üben vom Haitianischen Kreole mit diesem Programm, das für Sie alle entwickelt wurde.

Freundliche Grüße,

Wilson Douce, Autor

Douce/Lekti Kreyòl

Remèsiman Espesyal

Mwen adrese remèsiman espesyal mwen yo a ilistratris fenomenal mwen an, Anya Cartwright. San li liv sa yo ka pa te wè jou. Pasyans san limit li avèk mwen pandan pwosesis eksepsyonèlman long sa a nan konpoze desen egzak pou chak tèks, pa kite m ak mo pou m ta dekri li. Mwen andèt anvè li pou tout tan.

Mwen remèsye Rosage Beauzile, espesyalis pwogramasyon sou òdinate, ki te kreye pwogram ki fòme baz glosè senk lang nan. Mwen remèsye madanm mwen, Doktè Elcie Douce, pou chwa kouvèti apwopriye pou chak liv ak anrejistreman kèk tèks pou vèsyon sou entènèt la. Mwen remèsye Helody Dorvilus ki anrejistre volontèman kèk nan tèks yo. Mwen remèsye bon zanmi mwen Paul Abellard ki fè dyalòg yo nan liv la avèk mwen pou vèsyon sou entènèt la. Mwen remèsye Karlie T. Desrivieres ki deploye yon enèji enkonparab pou pèmèt vèsyon sou entènèt la egziste epi tou Robinson Moïse ki te bay yon kout men. Finalman, mwen remèsye espesyalman Patricia Chéry ki te pran tan pou fòmate liv etidyan an.

Special Thanks

My special thanks to my phenomenal illustrator, Anya Cartwright. Without her, these books might have not seen daylight. Her enduring patience with me during this exceptionally long process of creating the precise drawing for each text is beyond words. I am forever indebted to her.

I thank Rosage Beauzile, computer programming specialist, who created the program that forms the basis of the five-language glossary. I thank my wife, Dr. Elcie Douce, for the choice of the proper cover for each book and the recording of some of the texts for the online version. I thank Helody Dorvilus for willingly recording some of the texts. I thank my good friend Paul Abellard who performs the dialogues of the book with me for the online version. I thank Karlie T. Desrivieres who deployed an incomparable energy to allow the online version to exist and also Robinson Moïse who gave a helping hand. Finally, I especially thank Patricia Chéry who took the time to format the student book.

Remerciements Spéciaux

Mes remerciements particuliers s'adressent à mon illustratrice phénoménale, Anya Cartwright. Sans elle, ces livres n'auraient peut-être pas vu le jour. Sa patience indéfectible pendant ce processus exceptionnellement long de composition du dessin exact pour chaque texte a été au-delà de toute description. Je lui suis éternellement redevable.

Je remercie Rosage Beauzile, spécialiste en programmation informatique, qui a créé le programme qui constitue la base du glossaire en cinq langues. Je remercie mon épouse, le Dr Elcie Douce, pour le choix de la couverture appropriée pour chaque livre et l'enregistrement de certains des textes pour la version en ligne. Je remercie Helody Dorvilus pour avoir volontairement enregistré certains des textes. Je remercie mon bon ami Paul Abellard qui réalise les dialogues du livre avec moi pour la version en ligne. Je remercie Karlie T. Desrivieres qui a déployé une énergie incomparable pour permettre à la version en ligne d'exister et aussi Robinson Moïse qui a donné un coup de main. Enfin, je remercie tout particulièrement Patricia Chéry d'avoir pris le temps de mettre en forme le livre de l'étudiant.

Agradecimientos especiales

Agradezco especialmente a mi fenomenal ilustradora, Anya Cartwright. Sin ella, es posible que estos libros no hubieran visto la luz del día. Su paciencia constante durante este proceso excepcionalmente largo de componer el dibujo exacto para cada texto está más allá de toda descripción. Siempre estaré en deuda con ella.

Agradezco a Rosage Beauzile, especialista en programación informática, que creó el programa que forma la base del glosario en cinco idiomas. Agradezco a mi esposa, la Dra. Elcie Douce, la elección de la portada adecuada para cada libro y la grabación de algunos de los textos para la versión en línea. Agradezco a Helody Dorvilus por grabar de buena gana algunos de los textos. Agradezco a mi buen amigo Paul Abellard que realiza los diálogos del libro conmigo por la versión en línea. Agradezco a Karlie T. Desrivieres que desplegó una energía incomparable para permitir que existiera la versión en línea y también a Robinson Moïse que me echó una mano. Finalmente, agradezco especialmente a Patricia Chéry por tomarse el tiempo para formatear el libro del estudiante.

Besonderer Dank

Mein besonderer Dank gilt hiermit meiner phänomenalen Illustratorin Anya Cartwright. Ohne sie hätten diese Bücher vielleicht nie das Tageslicht erblickt. Ihre ausdauernde Geduld mit mir während dieses außergewöhnlich langen Prozesses des Verfassens der genauen Zeichnungen für jeden Text ist unbeschreiblich. Ich bin ihr für immer zu Dank verpflichtet.

Ich danke Rosage Beauzile, Spezialist für Computerprogrammierung, die das Programm erstellt hat, das die Grundlage des fünfsprachigen Glossars bildet. Ich danke meiner Frau Dr. Elcie Douce für die Wahl des passenden Covers für jedes Buch und die Aufnahme einiger Texte für die Online-Version. Ich danke Helody Dorvilus dafür, dass sie bereitwillig einige der Texte aufgenommen hat. Ich danke meinem guten Freund Paul Abellard, der mit mir die Dialoge des Buches für die Online-Version aufführt. Ich danke Karlie T. Desrivieres, die eine unvergleichliche Energie entfaltet hat, um die Online-Version zu ermöglichen, und auch Robinson Moïse, die mitgeholfen hat. Schließlich danke ich Patricia Chéry ganz besonders dafür, dass sie sich die Zeit genommen hat, das Schülerbuch zu formatieren.

Son nou jwenn nan lang Kreyòl Ayisyen

Enstiti Pedagojik Nasyonal (EPN) Pibliye Òtograf Ofisyèl Kreyòl Ayisyen 30 Janvye, 1980

32 son/grafèm ki pèmèt nou eple/ekri															
Vwayèl Oral	a	e	è	i	o	ò	ou								
Vwayèl Nazal	an	en			on		oun								
Semivwayèl	w	y	u (nan diftong ui)												
Konsòn	b	ch	d	f	g	h	j	k	l	m	n	ng	p	r	s	t	v	z

Tablo son Krèyòl Ayisyen de W. Douce, yon rezime de Schieffelin & Doucet, 1992

Douce/Lekti Kreyòl

Sa ki nan Lekti Kreyòl Liv Pwofesè

Prezantasyon otè a 1
Entwodiksyon Lekti Kreyòl 2
Bio-Introduction 3
Introduction to Lekti Kreyòl 4
Présentation de l'auteur de Lekti Kreyòl 5
Introduction à Lekti Kreyòl 6
Presentación del autor 7
Introducción a Lekti Kreyòl 8
Präsentation des Autors 9
Einführung in Lekti Kreyòl 10
Remèsiman Espesyal 11
Special Thanks 11
Remerciements Spéciaux 11
Agradecimientos especiales 12
Besonderer Dank 12
Son nou jwenn nan lang Kreyòl Ayisyen 13
Leson en 25
Vole Avyon 25
    1A-Se vre oubyen se pa vre. 26
    1B-Mete yon vèb nan plas vid yo. 26
    1C-Pwononsyasyon 26
    1D-Pratike ti dyalòg sa a 26
    1E-Mare definisyon ki koresponn ak mo yo ansanm. 26
    27
Leson de 27
Yon Sesyon Mizik 27
    2B-Se vre oubyen se pa vre. 28
    2C-Pwononsyasyon 28
    2D-Pratike ti dyalòg sa a. 28
    2E-Men repons, poze kesyon. 28
Leson twa 29
Fè Laglisad 29

Douce/Lekti Kreyòl

   3A-Reponn kesyon sa yo. 30
   3B-Chwazi bon repons la dapre lekti a. 30
   3C-Pwononsyasyon 30
   3D-Pratike ti dyalòg sa a. 30
   3E-Reli tèks la mete *nou* nan plas *mwen* epi *mwen* nan plas *nou* lè sa posib. 30
Leson kat. 31
Nan Yon Match 31
   4A-Di se vre oubyen se pa vre. 32
   4B-Mete yon vèb nan plas vid yo. 32
   4C-Pwononsyasyon 32
   4D-Pratike ti dyalòg sa a. 32
   4E-Mare ansanm fraz ak mo ki koresponn yo. 32
Leson senk 33
Bato Tonton mwen an 33
   5A-Mete vèb ki manke a. 34
   5B-Se vre oubyen se pa vre? 34
   5C-Pwononsyasyon 34
   5D-Pratike dyalòg sa-a. Epi repete san ou pa gade. 34
   5E-Men repons, poze kesyon. 34
Leson sis 35
Jwèt Bòlèt. 35
   6A-Reponn kesyon sa yo. 36
   6B-Chwazi mo ki koresponn nan. 36
   6C-Pwononsyasyon 36
   6D-Pratike dyalòg sa-a ak zanmi ou. 36
   6E-Bay kontrè mo sa yo. Baze sou lekti a. 36
Leson sèt 37
Tounen Nan Travay 37
   37
   7A-Se vre oubyen se pa vre? 38
   7B-Mete yon vèb nan plas vid yo. 38
   7C-Pwononsyasyon 38
   7D-Pratike ti dyalòg sa a. 38
   7E-Mare definisyon ak mo ki koresponn yo. 38

Douce/Lekti Kreyòl

Leson uit 39
Lanjelis 39
        8A-Mete vèb ki manke nan plas vid yo. 40
        8B-Se vre oubyen se pa vre? 40
        8C-Pwononsyasyon 40
        8D-Pratike ti dyalòg sa a. 40
        8E-Men repons, poze kesyon. 40
Leson nèf 41
Yon Pye Kenèp Mal 41
        9A-Reponn kesyon sa yo. 42
        9B-Chwazi bon repons la dapre lekti a. 42
        9C-Pwononsyasyon 42
        9D-Pratike dyalòg sa a. 42
        9E-Mete tèks la opliryèl. 42
Leson dis 43
Aparans e Karaktè Moun 43
        10A-Mete yon adjektif nan plas vid yo. 44
        10B-Mete yon vèb nan plas vid yo. 44
        10C-Se vre oubyen se pa vre? 44
        10D-Pwononsyasyon 44
        10E-Pratike dyalòg sa a. 44
        10F-Men repons, poze kesyon. 44
        Ekriti Lib oubyen Dirije 44
Leson onz 45
Yon Lèt Bay Manman 45
        11A-Reponn kesyon sa yo. 46
        11B-Chwazi bon repons la. 46
        11C-Pwononsyasyon 46
        11D-Pratike dyalòg sa a. 46
        PALE AK ZANMI W 46
        11E-Bay kontrè mo sa yo. 46
        11F-Mete 3 premye fraz tèks la opliryèl. 46
        Ekriti Lib oubyen Dirije 47
Leson douz 48
Nan Lopital 48

Douce/Lekti Kreyòl

12A-Men repons, poze kesyon.	49
12B-Mete yon vèb nan plas vid yo.	49
12C-Pwononsyasyon	49
12D-Pratike ti dyalòg sa a.	49
12E-Mare mo ak definisyon ki koresponn yo ansanm.	49
Ekriti Lib oubyen Dirije	50

Leson trèz 51
Yon Ti Tonèl 51

13A-Mete vèb ki manke yo.	52
13B-Se vre oubyen se pa vre?	52
13C-Pwononsyasyon	52
13D-Pratike ti dyalòg sa a.	52
13E-Men repons, poze kesyon.	52

Leson katòz 53
Bòs Fòmann 53

14A-Reponn kesyon sa yo.	54
14B-Chwazi bon repons la.	54
14C-Pwononsyasyon	54
14D-Dyalòg -Pratike ak zanmi w'	54
14E-Mete tèks la opliryèl.	54

Leson kenz 55
Yon Travay Faktori 55

15A-Men repons, poze kesyon.	56
15B-Mete yon vèb nan plas vid yo.	56
15C-Pwononsyasyon	56
15D-Pratike ti dyalòg sa a.	56
15E-Mare mo ak definisyon kòrèk la.	56

Leson sèz 57
Yon Kous Moto 57

16A-Mete yon vèb nan espas vid yo.	58
16B-Se vre oubyen se pa vre?	58
16C-Pwononsyasyon	58
16D-Pratike ti dyalòg sa a.	58
16E-Chwazi repons ki kòrèk la.	58
Ekriti Lib oubyen Dirije	59

Douce/Lekti Kreyòl

Leson disèt 60
Nan Makèt La 60
    17A-Reponn kesyon sa yo. 61
    17B-Chazi repons ki korèk la. 61
    17C-Pwononsyasyon 61
    17D-Pratike ti dyalòg sa a ak zanmi w. 61
    1-Kote ou pral la a? 61
    17E-Bay kontrè mo sa yo. 61

Leson dizuit 62
Monte Bisiklèt 62
    18A-Poze kesyon pou repons sa yo. 63
    18B-Mete yon vèb oubyen yon adjektif nan plas vid yo. 63
    18C-Pwononsyasyon 63
    18D-Pratike ti dyalòg sa a. 63
    18E-Mare mo ak definisyon ki kòrèk la. 64

Leson diznèf 65
Nan Mache 65
    19A-Mete yon vèb nan plas vid yo. 66
    19B-Se vre oubyen se pa vre? 66
    19C-Pwononsyasyon 66
    19D-Pratike ti dyalòg sa a. 66
    19E-Reponn kesyon sa yo dapre tèks la. 66

Leson ven 67
Pran Taptap 67
    20A-Reponn kesyon sa yo dapre lekti a. 68
    20B-Ansèkle mo kòrèk la dapre lekti a. 68
    20C-Pwononsyasyon 68
    20D-Pratike ti dyalòg sa a ak zanmi w. 68
    20E-Bay kontrè mo sa yo. 68

Leson venteyen 69
Ale Nan Lanmè 69
    21A-Se vre oubyen se pa vre? 70
    21B-Mete yon vèb nan plas vid yo. 70
    21C-Pwononsyasyon 70

21D-Pratike ti dyalòg sa a.	70
21E-Mare chak mo definisyon li.	71
Leson vennde	72
Vwayaje Lòtbò Dlo	72
22A-Mete vèb ki manke a nan plas vid yo.	73
22B-Se vre oubyen se pa vre?	73
22C-Pwononsyasyon	73
22D-Pratike ti dyalòg sa a ak zanmi w.	73
22E-Poze kesyon pou repons sa yo.	73
Leson venntwa	74
Yon Timoun Fèt	74
23A-Reponn kesyon sa yo.	75
23B-Mete mo ki manke a dapre lekti a.	75
23C-Pwononsyasyon	75
23D-Pratike ti dyalòg sa a.	76
23E-Bay kontrè mo sa yo.	76
23F-Kopye tèks la pandan pwofesè a ap li l.	77
Ekriti Lib oubyen Dirije	77
Leson vennkat	78
Yon Ka Lanmò	78
24A-Men yon seri repons, poze kesyon.	79
24B-Mete yon vèb nan plas vid yo.	79
24C-Pwononsyasyon	79
24D-Pratike ti dyalòg sa a.	79
24E-Mare chak mo ak definisyon ki koresponn ak li.	80
Leson vennsenk	81
Anbago	81
25A- Mete vèb ki manke a nan plas vid yo.	82
25B-Di se vre oubyen se pa vre.	82
25C-Pwononsyasyon	82
25D- Pratike ti dyalòg sa a ak zanmi w.	82
25E-Men kèk repons, poze kesyon.	82
5 Ti Amizman	83
1-Yon jou, youn nan jeneral	83
2-Mak pral marye samdi nan	83

Douce/Lekti Kreyòl

3-Malpalan Ap Fè Yon Ti Koze Avèk Byendizan. 83
4-Yon Nonm K Al Mande Djòb.. 84
5-Sezisman.. 84
Glosè Miltileng/Multilingual Glossary/ Glosario Multilingüe/ Glossaire multilingue /Mehrsprachiges Glossar 85
   Leson 1 - Vole Avyon... 85
   Leson 1 - Vole Avyon (2èm pati).. 86
   Leson 2 - Yon Sesyon Mizik... 87
   Leson 2 - Yon Sesyon Mizik (2èm pati)... 88
   Leson 3 - Fè Laglisad 89
   Leson 3 - Fè Laglisad (2èm pati) 90
   Leson 4 - Nan Yon Match 91
   Leson 4 - Nan Yon Match (2èm pati) 92
   Leson 5 - Bato Tonton Mwen an 93
   Leson 5 - Bato Tonton Mwen an (2èm pati) 94
   Leson 6 - Jwèt Bòlèt... 95
   Leson 7 - Tounen Nan Travay.. 96
   Leson 7 - Tounen Nan Travay (2èm pati) 97
   Leson 8 - Lanjelis.. 98
   Leson 7 - Tounen Nan Travay (2èm pati) 98
   Leson 8 – Lanjelis (2èm pati) 99
   Leson 8 – Lanjelis (3èm pati) 100
   Leson 9 - Yon Pye Kenèp Mal 101
   Leson 9 - Yon Pye Kenèp Mal (2èm pati) 102
   Leson 10 - Aparans E Karaktè Moun 103
   Leson 10 - Aparans E Karaktè Moun (2èm pati) 104
   Leson 10 - Aparans E Karaktè Moun (3èm pati) 105
   Leson 11 – Yon Lèt... 106
   Leson 11 – Yon Lèt (2èm pati).. 107
   Leson 11 – Yon Lèt (3èm pati).. 108
   Leson 12 – Nan Lopital.. 109
   Leson 12 – Nan Lopital (2èm pati)... 110
   Leson 13 – Yon Ti Tonèl 111
   Leson 13 – Yon Ti Tonèl (2èm pati) 112
   Leson 14 - Bòs Fòmann 113
   Leson 14 - Bòs Fòmann (2èm pati) 114

Douce/Lekti Kreyòl

Leson 15 - Yon Travay Faktori 115
Leson 15 - Yon Travay Faktori (2èm pati) 116
Leson 15 - Yon Travay Faktori (3èm pati) 117
Leson 16 - Yon Kous Moto 118
Leson 16 - Yon Kous Moto (2èm pati) 119
Leson 17 - Nan Makèt La 120
Leson 17 - Nan Makèt La (2èm pati) 121
Leson 18 - Monte Bisiklèt 122
Leson 18 - Monte Bisiklèt (2èm pati) 123
Leson 19 - Nan Mache 124
Leson 19 - Nan Mache (2èm pati) 125
Leson 19 - Nan Mache (3èm pati) 126
Leson 20 - Pran Taptap 127
Leson 20 - Pran Taptap (2èm pati) 128
Leson 20 - Pran Taptap (3èm pati) 129
Leson 21 - Ale Nan Lanmè 130
Leson 21 - Ale Nan Lanmè (2èm pati) 131
Leson 21 - Ale Nan Lanmè (3èm pati) 132
Leson 22 - Vwayaje Lòtbò Dlo 133
Leson 22 - Vwayaje Lòtbò Dlo (2èm pati) 134
Leson 22 - Vwayaje Lòtbò Dlo (3èm pati) 135
Leson 23 – Yon timoun fèt 136
Leson 23 – Yon timoun fèt (2èm pati) 137
Leson 23 – Yon timoun fèt (3èm pati) 138
Leson 24 - Yon Ka Lanmò 139
Leson 24 - Yon Ka Lanmò (2èm pati) 140
Leson 24 - Yon Ka Lanmò (3èm pati) 141
Leson 25 - Anbago 142
Leson 25 - Anbago (2èm pati) 143
Leson 25 - Anbago (3èm pati) 144
Kle Repons Aktivite Liv Lekti Kreyòl 145
    1A-Se vre oubyen se pa vre. 145
    1B-Mete yon vèb nan plas vid yo. 145
    2B-Se vre oubyen se pa vre. 146
    2E-Men repons, poze kesyon. 146

Douce/Lekti Kreyòl

3A-Reponn kesyon sa yo. 147
3B-Chwazi bon repons la dapre lekti a. 147
4A-Di se vre oubyen se pa vre. 149
4B-Mete yon vèb nan plas vid yo. 149
5A-Mete vèb ki manke a. 149
5B- Se vre oubyen se pa vre? 150
5E-Men repons, poze kesyon. 150
6A-Reponn kesyon sa yo. 150
6B-Chwazi mo ki koresponn nan. 151
6E-Bay kontrè mo sa yo. Baze sou lekti a. 151
7A-Se vre oubyen se pa vre? 151
7B-Mete yon vèb nan plas vid yo. 152
8A-Mete vèb ki manke nan plas vid yo. 152
8B-Se vre oubyen se pa vre? 153
8E-Men repons, poze kesyon. 153
9A-Reponn kesyon sa yo. 153
9B-Chwazi bon repons la dapre lekti a. 154
9E-Mete tèks la opliryèl. 154
10A-Mete yon adjektif nan plas vid yo. 155
10B-Mete yon vèb nan plas vid yo. 155
10C-Se vre oubyen se pa vre? 155
10F-Men repons, poze kesyon. 155
Ekriti Lib oubyen Dirije (Repons lan pral varye dapre abilite e nivo etidyan an nan Kreyòl.) 156
11A-Reponn kesyon sa yo. 156
11B-Chwazi bon repons la. 157
11E-Bay kontrè mo sa yo. 157
11F-Mete 3 premye fraz tèks la opliryèl. 157
Ekriti Lib oubyen Dirije (Repons lan pral varye dapre abilite e nivo etidyan an nan Kreyòl.) 158
12A-Men repons, poze kesyon. 158
12B-Mete yon vèb nan plas vid yo. 158
Ekriti Lib oubyen Dirije (Repons lan pral varye dapre abilite e nivo etidyan an nan Kreyòl.) 159
13A-Mete vèb ki manke yo. 160

Douce/Lekti Kreyòl

13B-Se vre oubyen se pa vre? 160
13E-Men repons, poze kesyon. 160
14A-Reponn kesyon sa yo. 161
14B-Chwazi bon repons la. 161
14E-Mete tèks la opliryèl. 161
15A-Men repons, poze kesyon. 162
15B-Mete yon vèb nan plas vid yo. 162
16A-Mete yon vèb nan espas vid yo. 163
16B-Se vre oubyen se pa vre? 163
16E- Chwazi repons ki kòrèk la. 163
Ekriti Lib oubyen Dirije (Repons lan pral varye dapre abilite e nivo etidyan an nan Kreyòl.) 164
17A-Reponn kesyon sa yo. 164
17B-Chazi repons ki korèk la. 165
17E-Bay kontrè mo sa yo. 165
18A-Poze kesyon pou repons sa yo. 165
18B-Mete yon vèb oubyen yon adjektif nan plas vid yo. 166
18E-Mare mo ak definisyon ki kòrèk la. 166
19A-Mete yon vèb nan plas vid yo. 167
19B-Se vre oubyen se pa vre? 167
19E-Reponn kesyon sa yo dapre tèks la. 167
20A-Reponn kesyon sa yo dapre lekti a. 168
20B-Ansèkle mo kòrèk la dapre lekti a. 168
20E-Bay kontrè mo sa yo. 169
21A-Se vre oubyen se pa vre? 169
21B-Mete yon vèb nan plas vid yo. 169
21E-Mare chak mo ak definisyon li. 170
22A- Mete vèb ki manke a nan plas vid yo. 170
22B-Se vre oubyen se pa vre? 171
22E-Poze kesyon pou repons sa yo. 171
23A- Reponn kesyon sa yo. 172
23B-Mete mo ki manke a dapre lekti a. 172
23E-Bay kontrè mo sa yo. 173
23F-Kopye tèks la pandan pwofesè a ap li l. (Li tèks la dousman, fraz pa fraz pandan etidyan yo ap ekri.) 173

Douce/Lekti Kreyòl

Ekriti Lib oubyen Dirije (Repons lan pral varye dapre abilite e nivo etidyan an nan Kreyòl.) 174
24A- Men yon seri repons, poze kesyon. 175
24B-Mete yon vèb nan plas vid yo. 175
24E-Mare chak mo ak definisyon ki koresponn ak li. 176
25A-Mete vèb ki manke a nan plas vid yo. 176
25B-Di se vre oubyen se pa vre. 176
25E-Men kèk repons, poze kesyon. 177
Konsiltasyon 178

Douce/Lekti Kreyòl

Leson en

Vole Avyon

Lè mwen te piti, se te pasyon mwen. Mwen te toujou pran tan pou gade avyon k' ap vole. Elikoptè te enterese mwen tou. Men, mwen te pi fanatik avyon. Jodiya mwen satisfè. Mwen reyalize rèv mwen. Apre mwen fini pase yon bon ti tan nan yon lekòl pilòt nan peyi Bèljik, mwen ka pilote avyon. Mwen kontan sa anpil.

1A-Se vre oubyen se pa vre.
1- Mwen te pi renmen elikoptè.
2-Lè mwen te piti pasyon m se te vole avyon.
3-Mwen te pi fanatik elikoptè.
4-Mwen te etidye nan peyi Almay.
5-Mwen kontan mwen ka pilote yon avyon.

1B-Mete yon vèb nan plas vid yo.
1- Mwen te toujou_____tan gade avyon.
2-Elikoptè te_____ mwen.
3-Mwen _____ jodiya.
4-Rèv mwen _____ jodiya.
5-Mwen _____ yon bon ti tan an Bèljik.

1C-Pwononsyasyon
-Son /o/ tankou nan Toto
-Y**o**y**o** fè L**o**l**o** s**o**te.
-P**o**lèt p**o**k**o** p**o**te p**o**t**o** a.

1D-Pratike ti dyalòg sa a
1- Èske ou renmen monte avyon?
2- Non, mwen pa renmenpase anlè.
          vwayaje
          pwonmnen

1E-Mare definisyon ki koresponn ak mo yo ansanm.

Avyon	Yon moun ki ap dirije yon avyon.
Fanatik	Kote moun ale pou aprann.
Pilòt	Yon peyi nan Ewòp ki pale franse.
Bèljik	Yon moun ki renmen yon bagay anpil.
Lekòl	Yon aparèy ki vole anlè.

Douce / Lekti Kreyòl

Leson de

Yon Sesyon Mizik

Enstriman yo te fèk koumanse jwe. Mwen tande yon bèl amoni. Enstriman a kòd kon enstriman van, yo tout ap bay bon son. Twonpèt kou twonbòn, klarinèt kou flit, gita kou pyano yo tout ap chante. Mwen renmen bon son. Kè mwen kontan anpil. Mwen santi mwen nan syèl.

2A- Met vèb ki manke yo nan plas vid yo.
1-Tout enstriman te_____ jwe.
2-Enstriman yo _____ bon son.
3-Gita kou klarinèt t ap _____.
4-Mwen _____ bon son.
5-Li _____ li nan syèl.

2B- Se vre oubyen se pa vre.
1-Enstriman yo te pran danse.
2-Mwen pa te tande amoni.
3-Enstriman a kòd yo t ap bay bon son.
4-Twonpèt yo t'ap plenn.
5-Mwen te santi mwen nan syèl.

2C- Pwononsyasyon
- Son /ò/ tankou nan   kòd
- Kòkòt ap fè tòtòt.
- Zòlòt ap tòktòk Tibòs lòtbò a.

2D- Pratike ti dyalòg sa a.
1-Ki enstriman mizik ou renmen?
2-Se pyano mwen fanatik. E ou menm?
1-Mwen renmen gita.

2E- Men repons, poze kesyon.
1-Mwen renmen klarinèt.
2-Mwen pi renmen twonpèt.
3-Mwen tande yon son twonpèt.
4-Tout enstriman yo te pran chante.
5-Mwen santi mwen nan paradi.

Leson twa

Fè Laglisad

Lè mwen te piti mwen te gen anpil amizman. Nan tout sa mwen te konn fè, mwen sonje laglisad. Mwen menm ak ti zanmi mwen yo, nou moute sou mòn bò lakay. Nou te sèvi ak yon moso katon, nou chita sou li epi nou leve de pye nou anlè. Pafwa nou fèmen je nou n ap desann. Se te bèl plezi. Men pafwa, lè nou pa pran prekosyon, nou konn gen kèk grafonyen. Men se pa te grav.

3A-Reponn kesyon sa yo.
1-Ki amizman mwen lè mwen te piti?
2-Ki kote mwen menm ak zanmi mwen yo monte?
3-Kibò mòn nan te ye?
4-Kisa ki rive lè nou pa pran prekosyon?
5-Lè nou grafonyen; li grav?

3B-Chwazi bon repons la dapre lekti a.
1-Lè li te piti li te gen_____amizman.
a)-yon pil b)- anpil c)- yon ti kras
2-Genyen yon mòn _____ lakay.
a)-anba   b)- bò   c)- dèyè
3-Nou te _____sou yon moso katon.
a)-kouche b)- chita c)- kanpe
4-____ nou fèmen je nou.
a)-Toujou   b)-Pafwa   c)- Chak jou
5-Pafwa nou konn gen kèk _____.
a)-grafonyen b)-blese c)-frakti

3C-Pwononsyasyon
- Son /u/ :/ou/ tankou nan n**ou**
- J**ou**m**ou** g**ou** tank**ou** k**ou**chk**ou**ch.
- Dlo s**ou**s t**ou**j**ou** d**ou**s.

3D-Pratike ti dyalòg sa a.
1-Ann ale fè laglisad.
2-Kibò?
1-Sou tèt mòn nan.
2-Oke, annale.

3E-Reli tèks la mete _nou_ nan plas _mwen_ epi _mwen_ nan plas _nou_ lè sa posib.

Douce / Lekti Kreyòl

Leson kat

Nan Yon Match

Twazè sonnen beng! Tout moun gen tan reyini. Abit la met souflèt li nan bouch li; li soufle. Tout jwè foutbòl yo koumanse fè mouvman. Gade yon ti jwè! Li tèlman trible toutmoun pè li. Je tout moun kale sou ekip pa yo. Gadyen yo ap siveye balon toupatou. Bon! Bon! Ti jwè a pase tout jwè, li rive devan gadyen an, li pouse boul la nan mitan janm ni. Estad la pran dife!

Douce / Lekti Kreyòl

4A-Di se vre oubyen se pa vre.
4B-Mete yon vèb nan plas vid yo.
1-Beng ! Twazè _____.
2-Abit la _____ souflèt la.
3-Tout jwè foutbòl yo _____ fè mouvman.
4-Tout moun pè ti jwè a li tèlman _____.
5-Ti jwè a _____ tout moun, li _____ devan gadyen an.

4C-Pwononsyasyon
   Son /tch / tankou nan ma**tch**
- **Tch**eke **tch**aka a pou **Tch**ali.
- Li **tch**ak li pa manje ni **tch**aka ni **tch**en**tch**en.

4D-Pratike ti dyalòg sa a.
1-Li fè twazè annal nan match.
2-Ki kote?
1-Nan estad la.
2 Dakò.

4E-Mare ansanm fraz ak mo ki koresponn yo.

Abit	Jwèt boul ki reyini plizyè jwè.
Gadyen	Moun ki ap dirije yon match.
Jwè	Tout kote, tribò babò.
toupatou	Moun ki ap jwe nan yonmatch.
foutbòl	Yon moun ki ap siveye kan.

Leson senk

Bato Tonton mwen an

Tonton mwen achte yon bato tou nèf. Bato a bèl anpil. Se yon bato tay mwayèn. Tonton mwen pral travay sou li avèk kèk lòt maren. Yo prale fè Jeremi-Pòtoprens. Bato sila a, kwake li pa twò gwo, li pi gwo pase tout bato ki sou waf la. Anpil moun renmen bato a. Yon sèl bagay mwen di tonton mwen, pa pote twòp chay ak moun pou bato a pa koule.

Douce / Lekti Kreyòl

5A-Mete vèb ki manke a.
1-Tonton mwen_____ yon bato.
2-Tonton mwen pral _____ sou li.
3-Yo____ fè Jeremi-Pòtoprens ak bato a.
4-Anpil moun _____ bato a.
5-Mwen _____ tonton pou li pa
_____ twòp moun.

5B-Se vre oubyen se pa vre?
1-Tonton mwen achte yon vye bato.
2-Tonton mwen pral bay kèk maren travay sou bato a.
3-Bato a pral fè Jeremi-Okay.
4-Tout moun renmen bato.
5-Si bato a pote twòp moun, l ap koule.

5C-Pwononsyasyon
-Son /on/:/õ/ tankou nan t**on**t**on**.
- Z**on**y**on** b**on** k**on** dy**on**dy**on**.
- D**on**d**on** ak Mow**on** bay b**on** kot**on**.

5D-Pratike dyalòg sa-a. Epi repete san ou pa gade.
1-Ki kote bato sa-a prale?
2-Li pral Lagonav. E ou menm?
1-Mwen pral Jeremi.
2-O, M regrèt.

5E-Men repons, poze kesyon.
1- Se bato tonton mwen an.
2- Li fè Pòtoprens-Jeremi.
3- Yon bato tou nèf.
4- Non, yo renmen bato a anpil.
5- Pou li ka pa koule.

Leson sis

Jwèt Bòlèt

Anpil moun nan peyi Dayiti renmen jwe bòlèt. Pafwa se yon gwo traka. Gen moun ki meprize fanmi yo pou yo ka jwe bòlèt. Yo ta renmen rich, yo ta renmen gen kòb vit. Enben, se sa ki fè nan chak kwen kapital la, e nan anpil pwovens, ou jwenn yon bank bòlèt. Yo pote tout non. Moun reve toutan. Bon rèv kou move rèv, tout pote moun ale pran yon ti nimewo. Raman yo genyen, yo pèdi toutan. Èske bòlèt ka pote bonè?

6A-Reponn kesyon sa yo.
1-Kisa anpil moun renmen fè an Ayiti?
2-Gen moun ki meprize fanmi yo? Pou kisa?
3-Poukisa anpil moun jwe bòlèt?
4-Yo jwe bòlèt lè yo fè bon rèv?
5-Èske bòlèt ka pote bonè?

6B-Chwazi mo ki koresponn nan.
1- ____ Moun nan Peyi Dayiti jwe bòlèt.
  a) Kèk   b) Tout   c) Anpil
2- Gen moun ki __ fanmi yo poutèt bòlèt.
  a) adore   b) meprize   c) apresye
3- Moun sa yo ta renmen _____ vit.
  a) mouri   b) pòv   c) rich
4-Preske toupatou nou jwenn yon ____ bòlèt.
  a) biwo   b) boutik   c) bank
5- Yo genyen nan bòlèt _____.
  a) kèk fwa   b) raman   c) toujou.

6C-Pwononsyasyon
-Son /è/:/ɛ/ tankou nan jwèt.
- Pèpè pè wè sèsè.
- Kadè bwè likè a twazè.

6D-Pratike dyalòg sa-a ak zanmi ou.
1-Èske ou jwe bòlèt?
2-Non mèsi.
1-Poukisa?
2-Mwen pa fè rèv.

6E-Bay kontrè mo sa yo. Baze sou lekti a.
Gwo_____   Vit_____
Anpil_____ Raman_____
Meprize_____ Kapital_____
Renmen_____ Bon_____
Rich_____   Bonè_____

Leson sèt

Tounen Nan Travay

Vakans fèk fini. Nou fèk soti pran yon mwa repo. Mwen menm ak madanm mwen tounen byen fre. Nou gen plis fòs e plis dispozisyon. Nou kontan rewè tout kliyan nou yo nou pa wè kèk jou. Yo tout deside rekòmanse achte nan magazen an. Mwen kontan sa. Enben, nou ap toujou kite batan pòt nou yo tou louvri pou tout kominote a.

Douce / Lekti Kreyòl

7A-Se vre oubyen se pa vre?
1-Vakans apèn kòmanse.
2-Nou sot pran yon mwa repo.
3-Nou gen plis fòs ak plis dispozisyon.
4-Kliyan yo deside achte nan magazen an ankò.
5-Batan pòt nou fèmen pou kominote a.

7B-Mete yon vèb nan plas vid yo.
1-Nou sot _____ yon mwa repo.
2-Madanm mwen ak mwen __ byen fre.
3-Nou _____ plis fòs ak dispozisyon.
4-Nou kontan _____ tout kliyan yo.
5-Kliyan yo _____ _____ _____
nan magazen an.

7C-Pwononsyasyon
-Son /en/ : /e/ tankou nan toun**en**.
-M**en**m m**en**m mw**en** r**en**m**en** p**en** ak labap**en**.
-**En**b**en**, m**en** t**en** an Al**en**.

7D-Pratike ti dyalòg sa a.
1-Bonjou, kote nou te ye?
2-Nou fèk sot nan vakans.
1-Mwen kontan wè w.
2-Mwen menm tou kliyan m yo.

7E-Mare definisyon ak mo ki koresponn yo.

Repo	Enèji oubyen kouraj, puisans
Magazen	Yon gwo kay kote moun achte angwo ou detay.
Kominote	Moun ki abitye achte nan yon magazen ou boutik.
Kliyan	Yon gwoup moun k'ap viv yon kote
Fòs	Pran yon detant, fè yon poze.

Leson uit

Lanjelis

Li fèk setè. Jounen an kòmanse fèmen popyè li yo. A yon ti distans de mwen, mwen wè kèk moun ki ap tounen lakay. Yo pa mache twò vit, paske jounen travay la fin pran tout fòs yo. Firanmezi yo ap mache, yo ap disparèt nan labrim diswa. Yon lòt ti moman yo efase nèt nan fènwa a. Pita ankò se lanwit. Syèl la pral boure ak zetwal. Pètèt nou va wè moun si lalin nan pa kache anba nyaj.

Douce / Lekti Kreyòl

8A-Mete vèb ki manke nan plas vid yo.
1-Jounen an _____ _____ popyè li.
2-A yon ti distans mwen _____ kèk moun ap_____ lakay.
3-Moun yo pa _____ twò vit.
4-Jounen travay la ____ fòs moun yo.
5-Firanmezi, yo _____ nan fè nwa a.
6-Lannwit syèl la_____ ak zetwal.
7-Pita petèt nou va _____ moun.
8-Si nyaj yo pa _____ lalin nan.

8B-Se vre oubyen se pa vre?
1-Li apèn dezè.
2-Solèy la koumanse leve.
3-Mwen wè kèk moun ki ap tounen lakay.
4-Moun yo ap disparèt nan labrim diswa.
5-Pita si gen lalin nou va wè moun.

8C-Pwononsyasyon
-Son /e/ tankou nan lanj**e**lis.
-**Fe**fe rele **Pe**pe ak B**e**b**e**.
-**E**de **De**de d**e**m**e**le kl**e** yo.

8D-Pratike ti dyalòg sa a.
1-Lanjelis fèk tonbe, pa vre?
2-Wi, labrim diswa efase tout moun.
1-Sa k'ap rive pita?
2-Nou pral wè zetwal nan syèl la.

8E-Men repons, poze kesyon.
1-Li fèk setè.
2-Yo te vini lè labrim diswa tonbe.
3-Mwen pa wè yo. Yo disparèt nan fè nwa a.
4-Pita syèl la pral boure ak zetwal.
5-Se nyaj yo ki kache lalin nan.

Leson nèf

Yon Pye Kenèp Mal

Bò lakay mwen, gen yon pye kenèp. Se yon kenèp mal. Se tout lajounen moun ap joure pyebwa a. Men poukisa moun ap joure li? Li pajanm fè mal. Yon ti kay ki tou pre li resevwa bon jan frechè ak lonbraj. Tanzantan yon moun nan kay la kage chèz li anba pye kenèp la. Lè labriz diswa ap soufle nan mitan fèy li yo, gen yon bèl mizik ki rive nan zòrèy nou. Nou pa renmen sa?

9A-Reponn kesyon sa yo.
1-Ki kote pye kenèp la ye?
2-Ki kalite kenèp li ye?
3-Kisa moun fè kenèp la?
4-Kisa moun nan kay la fè anba pye kenèp la?
5-Kisa ki rive lè labriz diswa ap soufle?

9B-Chwazi bon repons la dapre lekti a.
1- _____ lakay gen yon kenèp mal.
 a)- Anba   b)-Dèyè   c)-Bò
2-Tout lajounen moun ap _____ kenèp la.
 a)-joure   b)-gade   c)-netwaye
3-Yon kay ____ ____ pye kenèp la resevwa lonbraj.
 a)-anndan   b)-sou kote   c)-tou pre
4-Moun ____ chèz yo anba pye bwa a.
 a)-jete   b)-kage   c)-apiye
5-Labriz diswa ap____ sou pye bwa a.
 a)-soufle   b)-kriye   c)-pale

9C-Pwononsyasyon
-Son /**a**/ tankou nan m**a**l, p**à**n.
-Son /**an**/ :/ã/ tankou nan j**an**.
-Tat**à**n ak Iv**à**n achte avw**à**n.
-T**an**z**an**t**an** j**an**m Vens**an** koule s**an**.

9D-Pratike dyalòg sa a.
1-Èske gen pye bwa bò lakay ou?
2-Wi, yon pye kenèp mal.
1-Ki sa li fè?
2-Li bay bon jan van.

9E-Mete tèks la opliryèl.

Leson dis

Aparans e Karaktè Moun

Sou latè gen tout kalite moun. Gwo moun, moun mens, moun mèg, moun gra ekt...Gen moun ki dousman, ki parese; konsa tou gen moun ki aktif, ki travayan. Nan tout peyi, Amerik oubyen Ewòp, Azi, Afrik oubyen Ostrali, gen moun fou, gen moun tèt drèt. Men, gen moun anraje tou. Moun fou a pale, men pi fò pawòl li di depaman youn ak lòt. Moun tèt drèt la pale klè kou dlo kòk. Moun anraje a, lè li deraye se kenbe pou yo kenbe li. Pwovèb kreyòl la di: "Tout moun se moun, men tout moun pa menm".

10A-Mete yon adjektif nan plas vid yo.
1-Sou latè gen _____ moun, gen moun _____.
2-Gen moun ki _____ e ki _____.
3-Ann Azi gen moun _____, gen moun _____.
4-Moun ki _____ deraye fasil.
5-Moun fou pale pawòl ki _____ youn ak lòt.

10B-Mete yon vèb nan plas vid yo.
1-_____ tout kalite moun sou latè.
2-Moun fou _____ pawòl depaman.
3-Lè yon moun anraje _____ se pou yo _____ li.
4-Pwovèb la _____ " Tout moun se moun, tout moun pa menm".

10C-Se vre oubyen se pa vre?
1-Sou latè gen moun mens sèlman.
2-Sou latè gen gwo moun.
3-Moun fou di pawòl ki klè kou dlo kòk.
4-Moun tèt drèt pale pawòl depaman.
5-Tout moun se moun, men tout moun pa menm.

10D-Pwononsyasyon
- Son /**i**/ tankou nan Afr**i**k
- Son /**ui**/ tankou nan and**ui**.

Egz:
- L**i**l**i** d**i** l**i** l**i** nan yon l**i**v.
- K**ui**t and**ui**ak z**ui**t, mete yo nan **ui**t plat k**ui**v.

10E-Pratike dyalòg sa a.
1-Èske ou renmen tanperaman nèg sa a?
2-Non, se yon moun fou, li pale kwochi.
1-E ti dam sa a?
2-Tèt li drèt, li pale klè kou dlo kòk.

10F-Men repons, poze kesyon.
1-Li di pawòl ki depaman.
2-Lè li deraye.
3-Li di: "tout moun se moun men tout moun pa menm".
4-Yo pa renmen travay.
5-Se lè li di pawòl ki " klè kou dlo kòk".

Ekriti Lib oubyen Dirije

_____
_____
_____
_____
_____
_____
_____
_____
_____

Douce / Lekti Kreyòl

Leson onz

Yon Lèt Bay Manman

Petyonvil, 26 avril 1993

Manman Cheri mwen,

Kijan ou ye?

Se avèk yon gwo lakontantman, mwen pran plim mwen pou mwen ekri ou. Sa fè lontan depi nou pa koze. Men mwen konnen sa fè ou tris. Mwen menm, kè mwen ap rache. Men manman, ou mèt sèten, kè mwen rete tou pre kè ou. Mwen sonje ou anpil. Se chak jou nanm mwen louvri byen laj devan Bondye pou priye pou ou. Mwen pa konnen ni jou ni mwa, ni ane, yon sèl bagay, soulajman w pa twò lwen. Pote tout fado w yo ak bon jan kouraj. Tanpri, toujou sonje mwen renmen w anpil! Ban mwen nouvèl tout lòt moun yo nan Nouyòk? Mwen ta renmen pou ou bò kote mwen. Di tout moun mwen renmen yo anpil.

Pitit gason ou,

Bibi

Douce / Lekti Kreyòl

11A-Reponn kesyon sa yo.
1-Ki moun ki ekri lèt la? Bay ki moun li voye li?
2-Kisa ki fè otè lèt la kontan?
3-Otè a renmen maman li? Montre sa.
4-Ki kote manman an ap viv?
5-Maman an gen lòt moun avèk li? Montre sa.

11B-Chwazi bon repons la.
1-Bibi ekri yon _____.
 a)-woman   b)-lèt   c)- liv
2-Bibi ekri avèk _____
 a)-lajwa b)-tristès c)-lakontantman
3-Bibi renmen manman li _____.
 a)-yon ti kras b)-anpil c)-enpe
4-Bibi _____ pou manman li.
 a)-priye b)-panse   c)-kalkile
5-Manman Bibi ap viv _____.
 a)-Lafrans   b)-Nouyòk c)-Kanada

11C-Pwononsyasyon
- Son /j/ tankou nan **y**e, **y**on.
- **Y**asmin ak **Y**about ap ese**y**e ba**y** pa**y**èt.
- Son /w/ tankou nan m**w**en.
- M**w**en **w**è **W**obè **w**on tankou yon **W**ozvagenn.

11D-Pratike dyalòg sa a.
PALE AK ZANMI W.
1-Èske manman w ap viv ann Ayiti?
2-Non, l ap viv Ozetazini.
1-Èske ou ekri li souvan?
2-Wi, mwen ekri li chak mwa.

11E-Bay kontrè mo sa yo.
Renmen_____
Toujou _____
Rache_____
Lesyèl _____
Lakontantman_____
Sèten _____
Sonje _____

11F-Mete 3 premye fraz tèks la opliryèl.
_____
_____
_____
_____
_____
_____
_____

Douce / Lekti Kreyòl

Ekriti Lib oubyen Dirije

Douce / Lekti Kreyòl

Leson douz

Nan Lopital

Li pa fasil pou vizite yon lopital. Fòk ou gen kè ak anpil kouraj. Pafwa lè ou wè moun yo ou gen lapenn. Gen moun k ap soufri tout jan. Ganyen ki kouche akoz aksidan. Ganyen se akòz malnitrisyon, oubyen tibèkiloz. Ganyen lòt se akòz enpridans ki fè yo ale nan òtopedi oubyen chiriji aprè yon grav aksidan. Nan youn ou lòt ka, sa di anpil pou wè yon zantray ki ap soufri.

12A-Men repons, poze kesyon.
1-Li pa fasil pou vizite yon lopital.
2-Lè ou wè moun yo.
3-Wi, gen moun ki ospitalize akoz malnitrisyon.
4-Wi, gen moun nan òtopedi. Apre yon grav aksidan.
5-Wi, sa di lè yon zantray ap soufri.

12B-Mete yon vèb nan plas vid yo.
1-Pou _____ yon lopital li pa fasil.
2-Ou _____ lapenn lè ou _____ moun yo pafwa.
3-Gen moun ki ap_____ akòz malnitrisyon.
4-Moun _____ nan òtopedi akòz enpridans.
5-Pou wè yon zantray ki ap _____ sa di anpil.

12C-Pwononsyasyon
-Son /ʒ/ tankou nan koura**j**.
-Son /g/ tankou nan **g**anyen
/j/- **J**ij **j**i**j**e **J**ak **J**akmèl.
/g/- **G**abi ak **G**istav **g**en yon **g**wo mal**g**òj **g**rav.

12D-Pratike ti dyalòg sa a.
1-Ou malad Jil?
2-Men wi Gaston, m gen lagrip.
1-Enben fòk ou ale ka doktè.
2-Mèsi anpil monkonpè.

12E-Mare mo ak definisyon ki koresponn yo ansanm.

1-Lapenn	a)-Maladi ki ataque poumon moun
2-Lopital	b)-Kote yo pran swen moun zo kase
3-Chiriji	c)-Se yon kay kote yo pran swen moun
4-Tibèkiloz	d)-Lè kè pa kontan
5-Òtopedi	e)-Kote yo fè moun operasyon

Douce / Lekti Kreyòl

Ekriti Lib oubyen Dirije

Leson trèz

Yon Ti Tonèl

Li fèt ak pay kokoye ki trese tribò babò. Anpil fwa lè pa gen bwa solid tankou chèn oubyen kajou, bòs yo sèvi ak gonmye. Se yon gwo travay pou fè yon tonèl. Malerezman se kay solèy, se pa kay lapli. Malgre sa, tonèl la pi bon pase anyen ditou. Se pa vre?

Douce / Lekti Kreyòl

13A-Mete vèb ki manke yo.
1-Tonèl_____ak pay kokoye ki _____.
2-Bòs yo _____ ak gonmye lè pa _____ chèn ak kajou.
3-Pou _____ yon tonèl, se yon gwo travay.
4-Tonèl _____ kay solèy.

13B-Se vre oubyen se pa vre?
1-Tonèl fèt ak pay kann. _____
2-Bwa gonmye solid anpil. _____
3-Bwadchèn solid anpil. _____
4-Tonèl pèmèt moun pare lapli. _____
5-Anba tonèl ou ka pare solèy. _____

13C-Pwononsyasyon
- Son /h/ tankou nan **h**ing**h**ang.
- Son /dj/ tankou nan **dj**on**dj**on, **dj**ab.

13D-Pratike ti dyalòg sa a.
1-Ki kote pòv yo ap viv?
2-Anba yon ti tonèl.
1-Yo pare lapli la?
2-Non, solèy sèlman.
1-Ala traka!

13E-Men repons, poze kesyon.
1-Li fèt ak pay kokoye.
2-Non, solèy sèlman.
3-Yo trese yo tribòbabò.
4-Lè pa gen chèn ak kajou.
5-Tonèl la pi bon.

Leson katòz

Bòs Fòmann

Lè chantye ap bati, enjenyè pa ka rete toutan sou plas. Li bezwen yon bon fòmann. Fòmann nan la pou sipèvize detay travay yo, pandan enjenyè a ap sipèvize pi gwo moso nan travay la. Men tout travay, gwo oubyen piti, dwe nòmalman pase nan men ouvriye ki pi piti yo.

14A-Reponn kesyon sa yo.
1-Ki moun ki ede enjenyè nan chantye?
2-Ki sa fòmann nan fè?
3-Ki pati nan travay la enjenyè a sipèvize?
4-Kisa ti ouvriye yo fè?
5-Èske ou konn travay nan chantye?

14B-Chwazi bon repons la.
1-Mwen bezwen yon _____ pou bati kay mwen. (enjenyè, doktè)
2-Fòmann nan ede _____ a. (enjenyè, enfimyè)
3-Enjenyè a sipèvize _____ travay la. (plan, detay)
4-Tout travay la pase nan men _____ santye a. (ti sòlda, ouvriye)
5-Enjenyè a sipèvize travay la _____ (toutan, tanzantan).

14C-Pwononsyasyon
- Son /b/ tankou nan **b**òs, ou**b**yen.
- **B**òs **B**ò**b b**a **B**e**b**i yon **b**on **b**an.
- **B**e**b**e **b**o **B**a**b**oun **b**ò **b**ouch.

14D-Dyalòg -Pratike ak zanmi w'.
1-Kijan santye a ye bòs?
2-Tout bagay byen pou kounyeya.
1-Ki lè kay la ap fini?
2-Petèt nan de mwa.
1-O!Se yon gwo travay?
2-Non, manke materyo.

14E-Mete tèks la opliryèl.

Douce / Lekti Kreyòl

Leson kenz

Yon Travay Faktori

M ap travay nan faktori. Nan travay sila a nou fè boul bezbòl. Anpil nan moun k ap travay yo nan bout di. Yo leve bonè. Yo pa byen manje. Pafwa kout zegwi fin devore tout dwèt yo. Menm kan dwèt yo ap senyen yo bije fè dyòb la. Si yo pa fè li, Tidyo ak Anita pa pral lekòl. Manman malad li ka mouri grangou. Anverite, moun sa yo se moun k ap goumen ak lamizè. Yo di se swa yo viv oubyen yo mouri.

Douce / Lekti Kreyòl

15A-Men repons, poze kesyon.
1-Nan yon faktori rad.
2-Nou fè boul bezbòl.
3-Bonè nan maten.
4-Se yon zegwi ki fè mwen sa.
5-Manman ap mouri grangou.

15B-Mete yon vèb nan plas vid yo.
1-M ap_____ nan yon faktori.
2-Moun k ap travay yo _____bonè.
3-Moun yo pa byen _____.
4-Dwèt yo ap_____ men yo____ fè travay la.
5-Se moun k'ap_____ ak lamizè.

15C-Pwononsyasyon
- Son **/k/** tankou nan fa**k**tori, a**k**
  .**Kèk k**abrit **k**anpe an**k**wa nan **k**wen le**k**òl la.
  .**K**esnèl **k**a manje **k**alalou **k**raze a**k k**è **k**owosòl a**k k**o**k**oye.

15D-Pratike ti dyalòg sa a.
1-Kote sè w la ap travay?
2-Nan yon gwo faktori.
1-Ki sa yo fè la?
2-Yo fè boul bezbòl.
1-Mèsi konpè.
2-Deryen kòmè.

15E-Mare mo ak definisyon kòrèk la.
1-Faktori   a)-Kote moun ale pou aprann.
2-Mouri   b)-Yon bagay ki fèt tou won.
3-Boul   c)-Dechire, blese
4-Bout di   d)-Sispann viv
5-Lamizè   e)-Mankman, soufrans
6-Zegwi   f)-Anpil mizè, lapenn ak chagren
7-Devore   g)-Zouti ak pwent pou moun koud
8-Senyen   h)-San k ap koule.
9-Lekòl   i)-Moun ki pa gen lasante
10-Malad   j)-Yon gwo izin kote moun travay.

Douce / Lekti Kreyòl

Leson sèz

Yon Kous Moto

De motosiklis yo pran wout la tankou de kòk kalite ki pral nan gagè. Ti frè mwen an renmen sa anpil. Anpil fwa li kite manje lakay li pou li pa pèdi anyen. Li renmen wè lè yon moto ap double yon lòt, lè motosiklis la panche prèt pou tonbe. Lè moto pa li a genyen, li kontan anpil. Pafwa li tèlman fè mouvman, li ba moun kèk kalòt san li pa konnen.

Douce / Lekti Kreyòl

16A-Mete yon vèb nan espas vid yo.
1-Motosiklis yo _____ wout la tankou kòk kalite.
2-Ti frè mwen an _____ kous moto.
3-Li _____ manje lakay li pou li pa _____ anyen.
4-Li tèlman _____ mouvman li _____ moun kèk kalòt.
5-Ti frè mwen an _____ _____ lè yon moto ap _____ yon lòt.

16B-Se vre oubyen se pa vre?
1-Motosiklis yo pran wout la tankou de kabrit.
2-Ti frè mwen an pa renmen kous moto.
3-Ti frè mwen an renmen wè lè yon motosiklis panche.
4-Ti frè mwen an konnen lè li bay kalòt.
5-Ti frè mwen an pa janm fè mouvman lè gen kous moto.

16C-Pwononsyasyon
Son /d/ tankou nan **d**e, pè**d**i.
.**D**eni **d**i **D**o**d**o **d**i **D**avi**d d**òmi a **d**izè e**d**mi.
.**D**eriyis **d**i **D**yana **d**epoze **d**ife a **d**epi **d**ezè.

16D-Pratike ti dyalòg sa a.
1-Kote w prale Dani?
2-Mwen prale nan yon kous moto.
1-Kibò sa a?
2-Sou Channmas.
1-Mennen mwen non.
2-Mwen regrèt, mwen pa kapab.

16E-Chwazi repons ki kòrèk la.
1-Ti frè mwen an renmen ale nan_____.
a)-match b)-kous moto

2-Lè moto pa li a _____ li kontan anpil.
a)-pèdi   b)-genyen

3-Ti frè mwen an bay moun kèk _____.
a)-koutpye   b)-kalòt

4-Ti frè mwen an _____ lè li bay kalòt.
a)-konnen   b)-pa konnen

5-Ti frè mwen an kite manje lakay, pou li ___.
a)-pa jwenn anyen b)-pa pèdi anyen

Douce / Lekti Kreyòl

Ekriti Lib oubyen Dirije

Leson disèt

Nan Makèt La

Gran sè mwen an renmen fè makèt. Li mache anndan tout makèt la anvan li achte. Li gade adwat, li gade agoch, li manyen bwat lèt yo. Li gade poul yo dèyè vitrin, li tcheke sache diri ak mayi yo. Li enspekte vyann yo. Li renmen achte janbon ak montadèl pou fè sandwitch. Li renmen ale ak Yabout, ti frè mwen an. Poukisa? Paske li renmen achte, men li pa renmen pote.

17A-Reponn kesyon sa yo.
1-Sa gran sè mwen an renmen fè?
2-Ki sa li fè anvan li achete?
3-Ki sa li renmen achte pou li fè sandwitch?
4-Kimoun ki ale ak li (avè l)?
5-Poukisa Yabout ale avè l?

17B-Chazi repons ki korèk la.
1-Gran sè mwen an renmen ale_____.
a)-lekòl b)-legliz c)-nan makèt

2-Anvan sè mwen an achte li _____.
a)-kouri anndan makèt la. b)-mache anndan makèt la. c)-danse anndan makèt la.

3- Sè mwen an _____ poul dèyè vitrin.
a)-manje   b)-gade   c)-manyen

4 -Sè mwen an renmen achte
a)-diri ak pwa b)-djondjon ak pistach
c)-montadèl ak janbon.

17C-Pwononsyasyon
-Son /f/ tankou nanfrè, verifye.
-**F**èdinan **f**è **F**afoun **f**rape **f**igi **F**àfàn.
-**F**elòm **f**òse **F**eliks **f**è **F**ifi **f**è kafe.

17D-Pratike ti dyalòg sa a ak zanmi w.
1-Kote ou pral la a?
2- M pral nan makèt?
1- Sa ou pral fè?
2-M pral achte pen, lèt ,kafe ak janbon.
1- M pral avè w.
2-Ann al non.

17E-Bay kontrè mo sa yo.
Gran _____   Renmen _____
Ale _____   Anndan _____
Ak = Avèk _____ Achte _____
Frè _____   Agoch _____
Anvan _____   dèyè _____

Leson dizuit

Monte Bisiklèt

Anvan Tijan te konn monte bisiklèt, li pase anpil mizè. Li renmen sa, se sa ki fè li pa te dekouraje. Sa ki te pi difisil pou li nan yon premye tan, se te kite pye li sou pedal. Apre sa, se te kouri bekàn nan san pèsonn pa kenbe li. Tijan te pran anpil so. Men li pa te dekouraje. Anvan sa, li pa te janm panse li te ka kouri yon bagay de wou san li pa tonbe. Men kounyeya Tijan se gwo drayvè. Ou kapab monte tou!

Douce / Lekti Kreyòl

18A-Poze kesyon pou repons sa yo.
1-Li konn monte bisiklèt.
2-Non, Tijan pa t janm dekouraje.
3-Se te kite pye li sou pedal la.
4-Li te pran anpil so.
5-Wi, m kapab monte tou.

18B-Mete yon vèb oubyen yon adjektif nan plas vid yo.
1-Tijan te konn _____ bisiklèt.
2-Kounyeya Tijan se_____ drayvè.
3-Se sa ki_____ li pa te _____.
4-_____pye li sou pedal la te pi _____.
5-Apre sa, se te _____san moun pa _____ li.

18C-Pwononsyasyon
-Son /l/ tankou nan **l**i, peda**l**
-**L**es**l**i a**l**e **l**arivyè ak **L**o**l**a.
-**L**endi **L**i**l**i **l**i **l**is **l**iv **l**a pou **L**eyon.

18D-Pratike ti dyalòg sa a.
1-Èske ou konn monte bekàn?
2-Men wi monchè. M se gwo drayvè.
1-Li te fasil pou aprann monte?
2-Non monchè; m te pran anpil so.

18E- Mare mo ak definisyon ki kòrèk la.

1-Bisiklèt   a)-Yon aparèy de wou ki woule
2-Dekouraje   b)-Yon chofè, yon moun ki konn kondui
3-Pedal   c)-Reprezante nan lespri w.
4-So   d)-Nan moman n ap pale a
5-Panse   e)-Kote ou depoze pye ou pou kondui yon bekàn
6-Wou   f)-Pèdi fòs, pèdi kouraj
7-Drayvè   g)-Soufrans ak anpil lapenn
8-Moute   h)-Pyès tou won ki pèmèt bekàn nan woule
9-Mizè   i)-Kondui yon bisiklèt
10-Kounyeya   j)-Tonbe

Leson diznèf

Nan Mache

Se yon plas ki mete anpil chalè nan kè. Machann ki soti nan tout bouk yo rasanble ansanm. Genyen ki vin sou bèt, anpil vini apye tou. Yo tout reyini, yo tout ap vann. Pratik yo oubyen achtè gen anpil pou yo achte. Fwi, tankou mango, zaboka, zoranj, kenèp, siwèl, sapoti, …yo tout byen bèl, yo tout byen fre, byen santi bon. Men, nan mache a gen anpil lòt bagay; gen viv, tankou bannann, patat, yanm. Gen sereyal, tankou mayi, diri, pitimi, ble ekt… gen machann vyann, gen machann legim tou. Nou renmen mache, se li ki te grandi paran nou yo, se li ki grandi nou tou.

Douce / Lekti Kreyòl

19A-Mete yon vèb nan plas vid yo.
1-Mache _____ chalè nan kè.
2-Machann yo_____, yo_____ nan bouk.
3-Nou ____mache, se li ki _____ nou.
4-Tout machann yo_____yo ap _____.
5-Nan mache a _____ fwi, _____ legim ak sereyal.

19B-Se vre oubyen se pa vre?
1-Mache se yon plas ki pa gen aktivite. _____
2-Nan mache machann tout bouk rasanble ansanm. _____
3-Tout machann yo vini sou bèt. _____
4-Gen machann ki pa vann. _____
5-Gen machann kenèp nan mache a. _____

19C-Pwononsyasyon
Son **/m/** tankou nan **m**ache, **m**ayi.
-**M**aryo **m**ete **m**ango **m**iska bò **m**akout **M**irèy.
-**M**adi, **M**alis ba **m**an**m**an **M**atin **m**adichon **M**alik.

19D-Pratike ti dyalòg sa a.
1-Ki kote manman w al nan mache?
2-Li toujou ale Kwadèboukè.
1-Kisa li achte la?
2-Tout sa li bezwen.
1-Egzanp?
2-Legim, fwi, vyann ekt.

19E-Reponn kesyon sa yo dapre tèks la.
1-Ki kote machann yo sòti?
2-Kijan machann yo vini nan mache a?
3-Ki sa pratik yo jwenn pou yo achte?
4-Èske gen machann vyann nan mache a?
5-Èske ou renmen al nan mache? Poukisa?

Leson ven

Pran Taptap

Nan peyi DAyiti, pran taptap se yon gwo tèt chaje. Anpil fwa pa gen plas; kèk moun bije kwense kò yo nan yon ti kwen. Pafwa tou moun yo chita youn sou lòt. Lè trajè a long, lè wout la pa bon, anpil moun frape lòt san yo pa konnen. Gade yon kwen! Tout moun gonfle la. Men yon taptap rive! Anpil moun pral rale lòt sòti pou yo antre. Ala yon lavi! Èske moun sa yo egoyis oubyen y ap goumen pou yo ka viv?

20A-Reponn kesyon sa yo dapre lekti a.
1-Èske pran taptap fasil nan peyi D Ayiti?
2-Èske toujou gen plas? Sa moun bije fè?
3-Ki jan moun yo chita pafwa?
4-Kisa ki konn rive moun san yo pa konnen?
5-Kisa kèk moun pral fè lè taptap la rive?

20B-Ansèkle mo kòrèk la dapre lekti a.
1-(Desann/Pran) taptap se yon gwo tèt chaje.
2-Anpil fwa kèk moun bije (kouche/kwense) kò yo.
3-Lè trajè a (kout/long) moun frape lòt moun.
4-Tout moun (chita/gonfle) nan yon kwen.
5-Anpil moun pral (rale/pouse) lòt sòti.

20C-Pwononsyasyon
-Son /n/ tankou nan you**n**, mou**n**.
-**Nèn**è fa**nn** pa**n**ye lya**nn** Vivyà**n n**an.
-**An**ons **n**òs **N**ani**n n**an kòne**n n**an zò**n n**an.

20D-Pratike ti dyalòg sa a ak zanmi w.
A-Eske ou renmen pran taptap?
B-Monchè mwen pa renmen sa non.
A- Men, m te wè ou tap monte youn lòt jou.
B-Enbe ou konnen m pa renmen l men m oblije monte l.

20E-Bay kontrè mo sa yo.
1-Pran_____
2-gwo_____
3-Anpil_____
4-pafwa_____
5-chita_____
6-long_____
7-rive_____
8-rale_____
9-sòti_____
10-lavi_____

Leson venteyen

Ale Nan Lanmè

Semèn nan pral fini. Pòl ak madanm ni deside ale nan plaj. Menm jan ak tout vwazen li yo, Pòl bezwen tranpe kò li nan yon ti dlo lanmè. Depi vandredi swa machin nan deja anbake. Samdi kou li jou yo pran wout lanmè pou yo. Lè yo rive te gen tan gen yon bon valè moun. Ti moun ki monte sou chanm, granmoun ki ap naje, ti chaloup ki ap bay kalinda sou dlo. Moun yo benyen, yo mache sou sab lanmè; se bèl bagay. Malerezman demen dimanch, fòk tout moun tounen lakay yo.

21A-Se vre oubyen se pa vre?
1-Semèn nan fèk kòmanse.
2-Pòl deside al nan plaj ak madanm ni.
3-Pòl bezwen bwè yon ti dlo lanmè.
4-Yo ale nan lanmè samdi bonè.
5-Fòk tout moun tounen lakay yo Lendi.

21B-Mete yon vèb nan plas vid yo.
1-Semèn nan pral _____.
2-Pòl _____ _____ kò li nan lanmè.
3-Pòl_____machin nan depi vandredi.
4-Nan plaj la timoun _____ sou
   chanm, granmoun _____.
5-Moun yo _____, yo _____.
   Yo _____ sou sab lanmè.

21C-Pwononsyasyon
-Son **/p/** tankou nan **P**òl, Chalou**p**.
-**P**òl **p**ran tan **p**wonmennen e**p**i **p**ou li al nan **p**laj.
-**P**o**p**o **p**a **p**èdi **p**asyans **p**ou li **p**a **p**ran **p**àn.

21D-Pratike ti dyalòg sa a.
1-Ou pa ta renmen ale nan plaj?
2-Kibò sa a monnonk?
1-Mwen gen entansyon al Monwi.
2-A wi, gen bèl plaj nan zòn sa a. Kilè ou prale?
1-Depi Samdi douvanjou.
2-Oke, pase pran m.

21E-Mare chak mo definisyon li.

1-Semèn   a)-Bò lanmè
2-deside   b)-Yon ti bato amotè ki rapid.
3-plaj   c)-Ti grenn wòch kraze
4-vwazen   d)-Deplase nan dlo san danje.
5-tranpe   e)-Yon bagay an kawotchou ki ka gonfle e flote sou dlo.
6-anbake   f)-Mete tout bagay nan yon veyikil pou vwayaje.
7-chanm   g)-Mouye yon kò oubyen yon bagay nan dlo.
8-naje   h)-Yon moun ki abite tou pre w.
9-sab   i)-Pran detèminasyon pou fè yon bagay.
10-chaloup   j)-Yon total sèt jou.

Douce / Lekti Kreyòl

Leson vennde

Vwayaje Lòtbò Dlo

Apre ou fin gen paspò ak viza ladan, ou kapab vwayaje. Swa ou pral Lafrans, Kanada, Ozetazini, anpil nan demach yo sanble. Ou gen pou fè rezèvasyon sou youn nan avyon ki fè zòn sa yo. Pafwa moun pa jwenn plas, lè konsa, yo sou "stannbay". Moman ki pi bèl se lè ou rive ayewopò, tout moun nan liy. Lè avyon an rantre yon gwo opalè mande pasaje yo pou yo anbake.

Tout moun nan liy yo tcheke zefè yo, peze yo epi peye yon ti kòb pou yo si yo peze plis pase pwa nòmal. Apre sa yo antre nan imigrasyon pou dènye tchèk ak enspeksyon, epi antre nan avyon an. Yon lòt moman; gwo zwazo a pran lè a pou li.

Douce / Lekti Kreyòl

22A-Mete vèb ki manke a nan plas vid yo.

1-Ou kapab _____ apre ou _____ gen viza.
2-Demach pou ale nan yon peyi oubyen yon lòt _____.
3-Moun sou "Stannbay" lè yo pa _____ plas.
4-Yon gwo opalè _____ pasaje yo pou yo _____.
5-Zwazo a _____ lè a pou li.

22B-Se vre oubyen se pa vre?

1-Ou pa bezwen viza pou vwayaje lòtbò dlo.
2- Se pou ou fè rezèvasyon avan ou pati.
3- Lè moun pa jwenn plas yo tounen.
4-Okenn moun pa tcheke zefè yo.
5- Apre sa avyon an vole anba lanmè.

22C-Pwononsyasyon

-Son /t/ tankou nan **t**ou**t**, **t**i
-**T**atàn **t**iye **t**i **t**outrèl **t**on**t**on **T**oma a.
-**T**o**t**o **t**òk**t**òk **t**on**t**on **T**i**t**i**t** la.

22D-Pratike ti dyalòg sa a ak zanmi w.

1-Èske ou vwayaje deja?
2-Non, m poko.
1-Kilè ou konte fè sa?
2-Nan fen ane sa a si Bondye vle.
1-Mwen menm tou.

22E-Poze kesyon pou repons sa yo.

1-Ou bezwen paspò ak tout viza.
2-Lè yo pa jwenn plas.
3-Tout moun nan liy.
4-Se yon gwo opalè ki mande sa.
5-Lè tout moun fin anbake.

Leson venntwa

Yon Timoun Fèt

Felòm ak Anita gen yon bon ti tan depi yo marye. Semèn sa a yo fèk gen yon ti bebe. Ti pitit la sanble ak papa li tèt koupe. De anmore yo gen yon bon van k'ap soufle nan kè yo. Apèn ti pitit la te fèt Felòm kriye: "mèsi Bondye mwen resi papa". Ti bebe a deja kòmanse jwenn anpil afeksyon. Li se konbinezon lanmou de moun yo. Gade li nan bèso a! Li tou piti. Men kimoun ki konnen sa li ap vin demen?

Douce / Lekti Kreyòl

23A-Reponn kesyon sa yo.
1-Kijan madan Felòm rele?
2-Kisa ki rive semèn sa a?
3-Ak ki moun ti bebe a sanble?
4-Kisa Felòm fè lè ti bebe a fèt?
5-Kisa ti bebe a reprezante?

23B-Mete mo ki manke a dapre lekti a.
1-Felòm ak Anita marye _____ yon bon ti tan.
2-Yo _____ gen yon ti bebe.
3-Ti pitit la sanble _____ papa li.
4-Felòm kriye: "Mwen _____ papa".
5-Gade bebe _____ bèso a.

23C-Pwononsyasyon
-Son /r/ tankou nan **r**esi, k**r**iye
-**R**at la **r**esi **r**ete nan **r**avin nan.
-**R**emi **r**ele **R**elis ak apa**r**èy **r**adyo t**r**ansmetè **R**emon an.

Douce / Lekti Kreyòl

23D-Pratike ti dyalòg sa a.
1-Konpè o! Konbyen timoun ou genyen?
2-Mwen gen kat: twa fi, yon gason.
1-Mwen menm mwen fèk gen yon ti bebe.
2-Enben ou se papa la a?
1-O-O sa w te konprann?
2-Enben konpè; lè nou ale fòk gen ti boujon ki pou kenbe kòn nan.
1-Bèl pawòl, bèl pawòl...

23E-Bay kontrè mo sa yo.
Marye_____
Afeksyon _____
Fèt _____
Lanmou _____
Deja _____
Piti _____
Kòmanse _____
Timoun _____
Anpil_____
Bon _____

Douce / Lekti Kreyòl

23F-Kopye tèks la pandan pwofesè a ap li l.

Ekriti Lib oubyen Dirije
_____
_____
_____
_____
_____
_____
_____
_____
_____
_____

Leson vennkat

Yon Ka Lanmò

Iya mouri. Se yon ti granmoun ki te renmen moun anpil. Li te rete bò lakay. Manman mwen te toujou di mwen, ti granmoun sila a te konn kenbe mwen lè mwen te piti. Se pa mwen sèlman, gran frè mwen an, e anpil timoun nan tout vwazinaj la. Chak maten Iya leve nou ak yon tas kafe. Iya te vin malad, li pa t janm fin refè nèt. Mwen santi kè mwen t ap senyen. Yon jou madi li te voye yon tas kafe ban mwen. Se te dènye fwa. Ala tris mwen tris! Si mwen ta dwe pale mwen t ap di: Iya ou ale vye sò? Maladi a touye kò ou men flanm lanmou ki t'ap Klere nan ou a, rete tou limen nan kè mwen.

Douce / Lekti Kreyòl

24A-Men yon seri repons, poze kesyon.
1-Iya te rete bò lakay.
2-Li te konn kenbe mwen lè mwen te piti.
3-Non, frè mwen an ak anpil lòt timoun nan vwazinaj la tou.
4-Non, li pa t janm fin refè nèt.
5-Se chak maten li leve nou ak yon tas kafe.

24B-Mete yon vèb nan plas vid yo.
1-Ti granmoun nan te _____ moun anpil.
2-Manman mwen te toujou _____ ti granmoun nan te _____ _____ m.
3-Li _____ nou ak yon tas kafe chak maten.
4-Iya pa t janm _____ refè nèt.
5-Maladi a _____ kò Iya men lanmou li _____ tou limen.

24C-Pwononsyasyon
-Son /s/ tankou nan se, ta**s**.
-**S**ò Lamè**s**i **s**ou**s**e **s**iwo **s**ou kalba**s** **S**izàn nan.
-**S**i **s**is **s**i **s**iye **s**is **s**igarèt, **s**is **s**an **s**is **s**i siye **s**is **s**an **s**is **s**igarèt.

24D-Pratike ti dyalòg sa a.
1-Fredo, ki nouvèl ki gen bò lakay?
2-Monchè, kè tout moun sere, Iya mouri.
1-O! li te malad?
2-Li te gen yon maladi ki pa t janm kite l nèt.
1-Podyab, jan li te bon moun!
2-Lavi se konsa; yon seri moun vini yon lòt seri ale.

24E-Mare chak mo ak definisyon ki koresponn ak li.

1-Bò   a)-Ki pèdi lajwa

2-Manman   b)-Ki pèdi lasante l

3-Kenbe   c)-Ki rejwenn lasante l

4-Anpil   d)-Pote nan men

5-Malad   e)-Koupe/etenn lavi yon moun.

6-Refè   f)-Yon bon valè, yon pakèt

7-Tris   g)-Fanm ki te pote ou nan vant li

8-Touye   h)-Tou pre, kote.

9-Flanm   i)-Ki bay limyè

10-Limen   j)-Limyè yon bagay k'ap brile bay.

Douce / Lekti Kreyòl

Leson vennsenk

Anbago

Kè sere, dlo nan je, trip kòde, nan bilan anbago sou do Ayiti an 1994. Pòtoprens, kapital la ki te bèl tankou pèl, vin pòtre yon timoun mazora, kwatchòkò ki ap fin pa depafini debou. Pou ki nou pa pran konsyans, pou ki nou pa chanje metòd, pou ki nou pa chanje konsepsyon? Nou menm ki fòme jenerasyon sa a, ki jijman listwa prale pote sou nou. Si nou gen bon sans nou dwe koumanse plenn. Antouka nou pa jij men nou ka poze yon ti kesyon. Kote soufrans nou soti? Lòtbò dlo oubyen anndan peyi nou? Kote soufrans nou soti? Deyò nou oubyen anndan nou?

Douce / Lekti Kreyòl

25A- Mete vèb ki manke a nan plas vid yo.
1- Pòtoprens _____ pòtre yon timoun mazora.
2- Nou pa _____ konsyans.
3- Se nou menm ki _____ jenerasyon sa a.
4- Nou _____ kòmanse _____.
5- Kote soufrans nou _____.

25B- Di se vre oubyen se pa vre.
1- Anbago fè Pòtoprens bèl.
2- Pòtoprens tankou yon timoun ki gen bèl dan.
3- Anbago sou Ayiti lakòz dlo nan je.
4- Tèks la di anbago a kòmanse an 1994.
5- Listwa pral jije jenerasyon sa a.

25C- Pwononsyasyon
-Son /v/ tankou nan **V**in
-Son /z/ tankou nan ma**z**ora
/v/ -**V**enòl **v**ale **v**èmisèl **V**a**v**a a **v**it **v**it.
/z/ -**Z**owo kra**z**e **z**e, **z**èb ak **z**aboka nan **z**epina a.

25D- Pratike ti dyalòg sa a ak zanmi w.
1- Poukisa figi w fennen konsa?
2- Monchè mwen tris anpil.
1- Kisa ou genyen vye frè?
2- Peyi m ki te bèl tankou pèl; gade li.
1- Se vre li tankou yon poul deplimen, li mazora, li kwatchòkò.
2- Se paske nou enkonsyan, nou youn rayi lòt.
1- Ou pa panse sa ka chanje?
2- Wi, lè nou va chanje sa ki nan kalbas tèt nou.

25E- Men kèk repons, poze kesyon.
1- Paske gen anbago sou peyi a.
2- Se maladi moun ki soufri malnitrisyon.
3- Sen yon moun ki pèdi dan devan.
4- Nou dwe kòmanse plenn.
5- Soufrans nou pa sòti lwen.

5 Ti Amizman

1-Yon jou, youn nan jeneral
Napoleyon Bonapat yo mande li: "Monjeneral, di mwen twa bagay ou pi renmen". Napoleyon fè yon ti souri epi li reponn: "lajan, lajan, lajan".

2-Mak pral marye samdi nan
Bouklin, Etazini. L al regle yon pakèt bagay Wachintonn; twò ta bare l. Pandan li Wachinntonn li gen yon lide, anvan li pran tren li voye yon tèks Bouklin:" Pinga maryaj la fèt anvan mwen vini".

3-Malpalan Ap Fè Yon Ti Koze Avèk Byendizan.

Malpalan: Byendizan, ki pye bwa ki bay lwil maskriti?
Byendizan: Pa genyen pye bwa ki bay lwil maskriti.
Malpalan: Men non, se pye maskriti ki bay lwil maskriti.
Byendizan: Non monchè, pye maskriti pa bay lwil maskriti, se pran yo pran l nan li.

4-Yon Nonm K Al Mande Djòb

Nonm nan: Misye si ou vle m travay avèk ou fòk ou ban m 5 mil dola.

Patwon an: Men zanmi, se pa posib! ou pagen okenn eksperyans, ou pa diplome, ou pa gen sètifika, ou pa gen okenn papye ou poko janm travay ou mande tout kòb sa a? O non ou egzajere.

Nonm nan: Se la a ou pa fò a. M pa gen eksperyans kidonk m pral fè plis efò; se sa k fè fòk ou peye m plis.

5-Sezisman

Jan: Gade Patrik; Pwochèn fwa w ap ouvri kòfrefò lajan w lan pa chita bò fenèt anvit lakay ou a jan w te fè yè swa a.

Patrik: Ki.... ki.... kisa? Men pa t gen moun lakay yè swa!

Jan: O!

Douce / Lekti Kreyòl

Glosè Miltileng/Multilingual Glossary/ Glosario Multilingüe/ Glossaire multilingue /Mehrsprachiges Glossar

Leson 1 - Vole Avyon

Haitian Creole	English	Spanish	French	German
1. anpil	1. many, a lot	1. muchos, as	1. beaucoup	1. viel(e)
2. ap	2. progressive marker	2. forma progresiva	2. forme progressive	2. gerade
3. Apre	3. after	3. despues	3. après	3. nach
4. avyon	4. airplane	4. avión	4. avion	4. der Flug
5. Bèljik,	5. Belgium	5. Bélgica	5. Belgique	5. Belgium
6. bon	6. good	6. Buen, bueno	6. Bon	6. gut
7. elikoptè	7. helicopter	7. Helicóptero	7. Helicoptère	7. aeroUbschreiber (m)
8. enterese	8. to interest	8. Interesar	8. Intéresser	8. interessieren
9. fanatik	9. fan	9. Fanático	9. Supporter, admirateur/trice	9. der Fanatiker
10. fini	10. finish	10. Terminar	10. Finir, terminer	10. beenden
11. gade	11. look at	11. Mirar	11. Regarder	11. anblicken/anschauen
12. Jodiya	12. today	12. Hoy	12. Aujourd'hui	12. heute
13. k	13. that	13. Que	13. Que	13. daß
14. ka	14. can	14. Poder	14. Pouvoir	14. können
15. kontan	15. glad, happy	15. Contento(s), a(s)	15. Content,e joyeux,se	15. zufrieden
16. lè	16. when	16. Cuando	16. Quand, lorsque	16. wann
17. lekòl	17. school	17. Escuela	17. École	17. die Schule
18. men	18. but	18. pero	18. Mais	18. aber, sondern
19. mwen	19. I, me	19. Yo, me, mi	19. Je, me, moi	19. ich/mich/mir
20. nan	20. in	20. en	20. Dans	20. in
21. pase	21. spend, pass	21. pasar	21. Passer	21. passieren
22. pasyon	22. passion	22. passion	22. Passion	22. die Passion

Douce / Lekti Kreyòl

Glosè Miltileng / Multilingual Glossary / Glosario Multilingüe / Glossaire multilingue / Mehrsprachiges Glossar

Leson 1 - Vole Avyon (2èm pati)

Haitian Creole	English	Spanish	French	German
1. pi	1. more	1. más	1. Plus	1. mehr
2. pilòt	2. pilot	2. piloto	2. Pilote	2. der Pilot/der Flieger
3. pilote	3. to pilot	3. pilotar, pilotear	3. Piloter	3. fliegen
4. piti	4. little	4. pequeño	4. Petit,e	4. klein(e)
5. pou	5. to, for	5. por, para	5. Pour	5. für
6. pran	6. take	6. tomar	6. Prendre	6. nehmen
7. rèv	7. dream	7. sueño	7. Rêve	7. der Traum
8. reyalize	8. realize	8. realizar	8. Réaliser	8. verwirklichen
9. sa	9. that	9. eso	9. cela	9. das
10. satisfè	10. satisfied	10. satisfecho, satisfacer	10. Satisfait, satisfaire	10. befriedigt, befriedigen sein
11. se	11. be, (it)	11. ser, (el, ella)	11. Être,	11. sein
12. tan	12. time	12. tiempo	12. Temps	12. die Zeit
13. te	13. past marker	13. tiempo pasado	13. Marqueur du passé	13. Präteritum/Perfekt(n)
14. tou	14. too, also	14. también	14. Aussi, également	14. auch
15. toujou	15. always	15. siempre	15. Toujours	15. immer
16. vole	16. fly	16. volar	16. Voler	16. fliegen
17. yon	17. a, an	17. un, uno	17. Un, une	17. ein, einer, eine

Douce / Lekti Kreyòl

Glosè Miltileng/Multilingual Glossary/ Glosario Multilingüe/ Glossaire multilingue /Mehrsprachiges Glossar					
Leson 2 - Yon Sesyon Mizik				
Haitian Creole	English	Spanish	French	German
1. a	1. a, an	1. Un, uno, una	1. Un, e	1. ein, einer, eine
2. amoni	2. harmony	2. Armonía	2. Harmonie	2. die Harmonie
3. anpil	3. many, a lot	3. Muchos, as	3. Beaucoup	3. viel(e)
4. ap	4. progressive marker	4. forma progresiva	4. Forme progressive	4. gerade
5. bay	5. give	5. Dar	5. Donner	5. geben
6. bèl	6. beautiful, nice	6. Hermoso,a, bello,a	6. Beau, belle, joli,e	6. schön(e)
7. bon	7. good	7. Bueno	7. Bon	7. gut
8. chante	8. sing	8. Cantar	8. Chanter	8. siegen
9. enstriman	9. instrument	9. instrumento	9. instrument	9. das Instrument
10. fèk	10. just (do something)	10. Acabar de	10. Venir de	10. gerade
11. flit	11. flute	11. Flauta	11. Flûte	11. die Flöte
12. gita	12. guitar	12. Guitarra	12. guitare	12. die Gitare
13. jwe	13. play	13. Tocar	13. Jouer	13. spielen
14. kè	14. heart	14. Corazón	14. Coeur	14. das Hertz
15. klarinèt	15. clarinet	15. clarinete	15. clarinette	15. die Klarinette
16. kòd	16. cord	16. Cuerda*	16. Corde	16. der Strick, die Leine
17. kon	17. as well as, like	17. Como	17. Comme	17. wie
18. kontan	18. happy, glad	18. Contento,a, alegre	18. Content,e, joyeux,se	18. zufrieden, froh
19. kou	19. as well as, like	19. Como	19. Comme	19. wie
20. koumanse	20. begin, start	20. Empezar, comenzar	20. Commencer	20. anfangen, beginnen
21. mizik	21. music	21. Música	21. Musique	21. die Musik
22. mwen	22. I, me	22. Yo, me	22. Je, moi, me	22. ich, mich, mir
23. nan	23. in	23. En	23. Dans, en	23. in
24. pyano	24. piano	24. Piano	24. Piano	24. das Klavier
25. renmen	25. To love	25. Amar, gustar	25. Aimer, plaire	25. Lieben, gern haben
26. santi	26. feel	26. Sentir	26. Sentir	26. fühlen
27. sesyon	27. session	27. Session	27. Session	27. die Sitzung

Douce / Lekti Kreyòl

Glosè Miltileng/Multilingual Glossary/ Glosario Multilingüe/ Glossaire multilingue /Mehrsprachiges Glossar				
Leson 2 - Yon Sesyon Mizik (2èm pati)				
Haitian Creole	Haitian Creole	Haitian Creole	Haitian Creole	Haitian Creole
1. son	1. sound	1. Sonido	1. Son	1. die Kleie
2. syèl	2. heaven	2. Cielo	2. Ciel	2. Der Himmel
3. tande	3. hear	3. Oir, escuchar	3. écouter, entendre	3. ab/an/zuhören
4. te	4. past marker	4. Marcador del Tiempo pasado	4. Marque du passé	4. das Präteritum/das Perfekt
5. tout	5. all	5. Todo, todos, as	5. Tout,e, tous	5. alle, alles
6. twonbòn	6. trombone	6. trombón	6. Trombone	6. die Posaune
7. twonpèt	7. trumpet	7. trompeta	7. Trompette	7. die Trompete
8. van	8. wind	8. Viento	8. Vent	8. der Wind
9. yo	9. they	9. Ellos,as	9. Ils, elles	9. sie
10. yon	10. a, an	10. Un,o	10. Un,e	10. ein(e)

Douce / Lekti Kreyòl

Glosè Miltileng/Multilingual Glossary/ Glosario Multilingüe/ Glossaire multilingue /Mehrsprachiges Glossar
Leson 3 - Fè Laglisad

Haitian Creole	English	Spanish	French	German
1. ak	1. with	1. con	1. avec	1. mit
2. amizman	2. amusement, pastime	2. distracción, diversión	2. amusement, distraction	2. der Zeitvertreib
3. anlè	3. up high, exalted	3. en lo alto, exaltado	3. dans les hauteurs, exalté	3. überspannt/exaltiert
4. anpil	4. a lot, much, many	4. mucho,s, as	4. beaucoup	4. viel(e)
5. bèl	5. pleasing, nice	5. agradable	5. plaisant, merveilleux	5. lieb/ liebenswürdig
6. bò	6. near, next to	6. cerca	6. près de	6. nahe bei
7. chita	7. sit down	7. sentarse	7. s'asseoir	7. sich setzen
8. de	8. two, both	8. dos, ambos,as	8. deux	8. zwei /die beide
9. desann	9. go down	9. descender, bajar	9. descendre	9. absteigen
10. epi	10. then	10. entonces	10. alors, puis	10. dann
11. fè	11. do	11. hacer	11. faire	11. tun
12. fèmen	12. close, shut	12. cerrar	12. fermer	12. schließen/ klopfen
13. gen	13. have	13. tener	13. avoir	13. haben
14. grafonyen	14. scratch	14. arañazo, rasguñar	14. égratignure	14. die Kratzwunde
15. grav	15. serious	15. grave, serio	15. grave	15. schwer
16. je	16. eye,s	16. ojo,s	16. oeil, yeux	16. Das Auge/die Augen
17. katon	17. cardboard	17. cartón	17. carton	17. der Katon
18. kèk	18. some	18. algunos	18. quelques	18. einige
19. konn	19. know, to be used to	19. conocer, saber	19. connaître, savoir	19. können/ wissen
20. laglisad	20. sliding, 21. sledding	20. deslizamiento 21. llevar en trineo	20. la glissade 21. la luge	20. die Ausgleitung 21. Rodeln

Douce / Lekti Kreyòl

Glosè Miltileng/Multilingual Glossary/ Glosario Multilingüe/ Glossaire multilingue /Mehrsprachiges Glossar
Leson 3 - Fè Laglisad (2èm pati)

Haitian Creole	English	Spanish	French	German
1. lakay	1. home	1. en, a casa	1. à la maison	1. Im Hause/ in dem Hause
2. lè	2. when	2. cuando	2. quand, lorsque	2. wann
3. leve	3. lift up	3. levantar	3. se lever	3. erheben
4. li	4. he, she, it, his, her	4. él, ella, su	4. il, elle, son, sa	4. er, es, sie, sein(e)
5. men	5. but	5. pero	5. mais	5. aber
6. menm	6. same, even	6. mismo	6. même, pareil	6. das/der/dieselbe
7. mòn	7. mountain	7. montaña	7. morne	7. das Berg
8. moso	8. piece, bit	8. trozo, pedazo	8. morceau	8. der Stück
9. moute	9. go up, go on	9. subir	9. monter	9. übergehen
10. mwen	10. I, me	10. yo, me, mi	10. moi, me	10. ich, mich, mir
11. nan	11. in	11. en, dentro	11. dans, en	11. in
12. n ap = nou ap	12. we/you are+progressive form	12. nosotros estamos + forma progresiva	12. nous sommes+progressive	12. wir...gerade
13. nou	13. we, you	13. nosotros, vosotros	13. nous, vous	13. wir, Sie
14. pa	14. not	14. no	14. pas	14. nicht
15. pafwa	15. sometimes	15. a veces	15. parfois	15. manchmal
16. piti	16. little	16. pequeño	16. petit	16. klein
17. plezi	17. pleasure	17. placer, gusto	17. plaisir	17. das Vergnügen, der Spaß, die Freude
18. pran	18. take	18. tomar	18. prendre	18. nehmen
19. prekosyon	19. precaution	19. precaución	19. précaution	19. Die Vorsicht

Douce / Lekti Kreyòl

Glosè Miltileng/Multilingual Glossary/ Glosario Multilingüe/ Glossaire multilingue /Mehrsprachiges Glossar

Leson 4 - Nan Yon Match

Haitian Creole	English	Spanish	French	German
1. abit	1. referee, umpire	1. árbitro	1. arbitre	2. der schiesdrichter
2. an	2. the	2. el, la	2. le, la	3. das, der, die
3. ap	3. progressive marker	3. forma progresiva	3. forme progressive	4. gerade
4. balon	4. ball	4. balón	4. balle, ballon	5. der ball
5. beng	5. onomatopoeia (bell)	5. onomatopeya (campana)	5. onomatopée (cloche)	6. das schallwort (für die glocke)
6. bon!	6. *look! watch!	6. mira!	6. bon!	7. sieh da!
7. bouch	7. mouth	7. boca	7. bouche	8. die mund
8. boul	8. ball	8. balón	8. balle, ballon	9. der ball
9. devan	9. before, ahead	9. antes	9. devant	10. bevor
10. dife	10. fire	10. fuego	10. feu	11. das feuer
11. ekip	11. team	11. equipo	11. équipe	12. der mannschaft
12. estad	12. stadium	12. estadio	12. stade	13. der stadium
13. fè	13. do, make	13. hacer	13. faire	14. tun, machen
14. foutbòl	14. soccer	14. fútbol	14. football	15. der fußball
15. gade	15. to look	15. mirar	15. regarder	16. an/blicken/sehen, schauen
16. gadyen*	16. goalkeeper	16. portero, arquero (lam)	16. gardien de but	17. der torwart
17. janm	17. leg	17. pierna	17. jambe	18. das bein
18. je	18. eye, s	18. ojo, s	18. oeil, yeux	19. das auge/die augen
19. jwè	19. (football)player	19. futbolista, jugador	19. joueur(de football)	20. der fußballspieler
20. kale	20. hit, beat	20. golpear, pegar	20. frapper, battre	21. schlagen
21. koumanse	21. to begin	21. empezar, comenzar	21. commencer	22. beginnen, anfangen
22. match	22. match	22. partido, encuentro	22. match	23. der spiel
23. met	23. put	23. poner	23. mettre	24. stellen legen setzen
24. mitan	24. middle	24. medio	24. milieu	25. der mittel

Douce / Lekti Kreyòl

Glosè Miltileng/Multilingual Glossary/ Glosario Multilingüe/ Glossaire multilingue /Mehrsprachiges Glossar				
Leson 4 - Nan Yon Match (2èm pati)				
Haitian Creole	English	Spanish	French	German
1. moun	1. person, people	1. persona, as, gente	1. personne, s, gens	1. die leute/der volk
2. mouvman	2. movement, move	2. movimiento	2. mouvement	2. die bewegung
3. nan	3. in	3. en	3. dans, entre	3. in
4. ni	4. his, her	4. su	4. son, sa	4. sein(e), ihr(e)
5. pase	5. pass	5. pasar por delante de	5. passer	5. durchfahren
6. pè	6. to be afraid of	6. tener miedo de	6. avoir peur de	6. angst haben
7. pouse	7. push	7. empujar	7. pousser	7. stoßen, schieben
8. pran	8. take	8. tomar	8. prendre	8. nehmen
9. reyini	9. gather	9. reunir, juntar	9. réunir	9. vereinigen
10. rive	10. arrive, get to	10. llegar	10. arriver	10. ankommen
11. siveye	11. watch	11. vigilar	11. surveiller, veiller	11. überwachen, wachen
12. sonnen	12. to ring	12. sonar, repicar	12. sonner	12. klingeln, läuten
13. sou	13. on	13. sobre	13. sur	13. auf
14. soufle	14. to blow	14. tocar, sonar	14. souffler	14. blasen, wehen
15. souflèt	15. whistle	15. silbato, pito	15. sifflet	15. die pfeife
16. tan	16. time	16. tiempo	16. tan	16. die zeit
17. tèlman	17. so	17. tal	17. tellement	17. so
18. ti	18. little, small	18. pequeño	18. petit	18. klein
19. toupatou	19. everywhere	19. (de) todas partes	19. partout	19. überall
20. tout	20. every, all	20. cada, todo	20. chaque, tout	20. jede(es,er) alle(es/er)
21. trible	21. to dribble	21. regatear, driblar	21. dribbler	21. dribbeln
22. Twazè	22. Three o'clock	22. Las tres	22. Trios heures	22. drei Uhr
23. yo	23. The, their, them	23. Los, sus	23. Leur,s, les	23. ihr(e), the
24. yon	24. A, an	24. Un, uno	24. Un,e	24. ein,eine

Douce / Lekti Kreyòl

Glosè Miltileng/Multilingual Glossary/ Glosario Multilingüe/ Glossaire multilingue /Mehrsprachiges Glossar Glossary				
Leson 5 - Bato Tonton Mwen an				
Haitian Creole	**English**	**Spanish**	**French**	**1. German**
1. a	1. the	1. el	1. le	1. das, der, die
2. achte	2. buy	2. comprar	2. acheter	2. kaufen
3. ak	3. with, and	3. con, y	3. avec, et	3. mit
4. an	4. the, a, an	4. el, un,o,a	4. le, un, e	4. das, der, die, ein(e)
5. anpil	5. much, many	5. mucho, muchos	5. beaucoup	5. viel(e)
6. avèk	6. with	6. con	6. avec	6. mit
7. bagay	7. thing	7. cosa	7. chose	7. die sache
8. bato	8. boat, ship	8. barco, buque, navío	8. bateau, navire	8. das schiff
9. bèl	9. beautiful, nice	9. hermoso,a, bello,a	9. beau, bel, belle	9. lieb(e)
10. chay	10. load, weight	10. cargo, peso	10. charge, poids	10. das gewicht
11. di	11. say to, tell	11. decir	11. dire	11. sagen, erzählen,
12. fè	12. go, make, do	12. ir, viajar, hacer	12. aller, voyager, faire	12. gehen, reisen, tun
13. gwo	13. big	13. grande	13. gros, grand	13. groß
14. Jeremi-Pòtoprens	14. from Jeremi to Pòtoprens	14. de Jeremi hacia Pòtoprens	14. de Jérémie à Port-au-Prince	14. aus Jeremie zu Port-au-Prince
15. kèk	15. some	15. algunos	15. quelques	15. einige
16. ki	16. who, that	16. quien, que	16. qui	16. wer
17. koule	17. sink	17. hundir	17. couler	17. fließen, rinnen
18. kwake	18. although	18. aunque	18. bien que, quoique	18. obwohl, obgleich
19. la	19. the	19. el, la	19. le, la, l'	19. das, der, die
20. li	20. it	20. él	20. il, elle	20. es
21. lòt	21. other,s	21. otro,s	21. autres	21. andere
22. maren	22. sailor,s, seaman	22. marinero,s, marino,s	22. marin,s	22. der Seeman/die Seemänner
23. moun	23. people	23. personas	23. personne(s), gens	23. der volk, die leute

Douce / Lekti Kreyòl

Glosè Miltileng/Multilingual Glossary/ Glosario Multilingüe/ Glossaire multilingue /Mehrsprachiges Glossar
Leson 5 - Bato Tonton Mwen an (2èm pati)

Haitian Creole	English	Spanish	French	German
1. mwayèn	1. medium	1. mediano,a, medio	1. moyen,ne	1. mittler(e er,es)
2. mwen	2. I, me	2. yo, me	2. je, moi, me	2. ich, mich, mir
3. nèf	3. new	3. nuevo,a	3. neuf,ve	3. neu (e,er,es)
4. pa	4. not	4. no	4. ne	4. nicht
5. pase (pi…pase)	5. than (more…than)	5. que (más…que)	5. que (plus…que)	5. als, mehr als +unreg
6. pi	6. more (more…than)	6. más (más…que)	6. plus (plus…que)	6. mehr + adj irr.
7. pote	7. carry	7. llevar, transportar	7. porter	7. tragen
8. pou	8. to, for	8. por, para	8. pour	8. für
9. pral	9. future marker (abbr)	9. tiempo futuro (abbr)	9. temps future (abbr)	9. werde, werden, wird
10. prale	10. future marker	10. tiempo futuro	10. temps future	10. werde, werden, wird
11. renmen	11. love, like	11. amar, gustar	11. aimer	11. lieben, gern haben
12. se	12. it is	12. es	12. c'est	12. das ist, es ist
13. sèl	13. only	13. solo	13. seul	13. allein, alleinig
14. sila	14. this	14. este	14. ce, cette	14. diese, dieser, dieses
15. sou	15. in, on	15. sobre, en	15. sur, dans	15. auf
16. tay	16. size	16. tamaño	16. taille	16. die größe,
17. tonton	17. uncle	17. tío	17. oncle	17. der onkel
18. tou nèf	18. brand new	18. salido de fábrica, flamante	18. flambant neuf	18. nagelneu
19. tout	19. all	19. todo,s	19. tout,e, tous	19. alle/r/s ganz /e,er,es
20. travay	20. to work	20. trabajar	20. travailler	20. arbeiten
21. twò	21. too much	21. demasiado	21. trop	21. zu viel
22. twòp	22. too much	22. demasiado	22. trop	22. zu viel
23. waf	23. wharf	23. muelle, embarcadero	23. wharf, quai, embarquement	23. die landungsbrüke
24. yo	24. they, them, the	24. ellos,as, los, las	24. ils, elles, eux, les	24. sie, ihnen, die
25. yon	25. a, an, one	25. un, uno	25. un,e	25. ein(e)

Glosè Miltileng / Multilingual Glossary / Glosario Multilingüe / Glossaire multilingue / Mehrsprachiges Glossar

Leson 6 - Jwèt Bòlèt

Haitian Creole	English	Spanish	French	German
1. ale	1. go	1. ir	1. aller	1. gehen
2. anpil	2. many, much	2. mucho	2. beaucoup	2. viel
3. bank	3. bank	3. banco	3. banque	3. die Bank
4. bòlèt	4. lotery	4. lotería	4. loterie	4. die Lotterie
5. Bon	5. good	5. buen,o	5. bon,ne	5. gut (e)
6. bonè	6. early	6. temprano	6. tôt, de bonne heure	6. früh
7. chak	7. each	7. cada	7. chaque	7. jede (er, es)
8. Dayiti	8. of Haiti	8. de Haití	8. d'Haiti	8. von Haiti
9. e	9. and	9. y, e	9. et	9. und
10. Enben!	10. well	10. ¡bueno! pues, ¡vaya!	10. eh bien!	10. nun gut, na !
11. Èske	11. interrogation (vary)	11. interrogacíon)	11. est-ce-que?	11. verb... Subjekt? +
12. fanmi	12. family	12. familia	12. famille	12. die Familie
13. fè	13. do, make	13. hacer	13. faire	13. tun, machen
14. gen	14. there is, have	14. hay, tener	14. il y'a avoir	14. es gibt
15. genyen	15. there is, have	15. hay, tener	15. il y'a avoir	15. es gibt
16. gwo	16. big	16. grande	16. gros, grand	16. groß
17. jwe	17. to gamble	17. jugar, apostar	17. jouer	17. spielen
18. jwenn	18. find	18. encontrar	18. trouver	18. finden (fand, gefunden
19. Jwèt	19. game	19. juego	19. jeu	19. der Spiel
20. ka	20. may, can	20. poder	20. pouvoir	20. dürfen, können
21. kapital	21. capital	21. capital	21. capitale	21. der Kapital
22. ki	22. who, that	22. quien, que	22. qui	22. wer
23. kòb	23. money	23. dinero	23. argent	23. das Geld
24. kou	24. like	24. como	24. comme	24. wie
25. kwen	25. corner	25. esquina	25. coin	25. die Ecke
26. la	26. the, it	26. el, la	26. le, la	26. das, der, die
27. meprize	27. to despise, to look down on	27. despreciar	27. mépriser	27. mißachten
28. moun	28. people	28. gente, personas, pueblo	28. gens, personnes	28. die Leute
29. move	29. angry	29. enfadado, enojado (aml)	29. fâché	29. böse

Douce / Lekti Kreyòl

Leson 7 - Tounen Nan Travay

Glosè Miltileng/Multilingual Glossary/ Glosario Multilingüe/ Glossaire multilingue /Mehrsprachiges Glossar

Haitian Creole	English	Spanish	French	German
1. a	1. the	1. el, la	1. le, la	1. das, der, die
2. achte	2. to buy	2. comprar	2. acheter	2. kaufen
3. ak	3. with, and	3. con, y	3. avec, et	3. mit
4. an	4. the	4. el, la	4. le, la	4. das, der, die
5. ap	5. future marker	5. tiempo futuro	5. temps future	5. werden werde, wird
6. batan	6. flap	6. batiente	6. battant	6. schlagend
7. byen	7. well	7. bien	7. bien	7. gut
8. deside	8. to decide	8. decidir	8. decider	8. beschließen
9. dispozisyon	9. disposition	9. disposición	9. disposition	9. die Bereitwilligkeit
10. e	10. and	10. y	10. et	10. und
11. Enben	11. well!	11. ¡y bueno!	11. eh bien!	11. nun gut! na!
12. fèk	12. have just	12. acabar de	12. venir de	12. gerade
13. fini	13. finished	13. terminar, acabar	13. terminer, finir	13. beenden
14. fòs	14. strength	14. fuerza	14. force	14. die Kraft
15. fre	15. fresh	15. fresco, a	15. frais, fraîche	15. kühl
16. gen	16. to have	16. tener	16. avoir	16. haben
17. jou	17. day, s	17. día	17. jour	17. der Tag
18. kèk	18. a few	18. algunos	18. quelque	18. einige, manche
19. kite	19. to leave, let	19. dejar	19. laisser	19. ausgehen
20. kliyan	20. customer	20. cliente	20. client, e	20. der Kunde
21. kominote	21. community	21. comunidad	21. communauté	21. die Gemeischaft
22. kontan	22. glad	22. contento,a	22. content, e	22. zufrieden
23. louvri	23. to open	23. abrir	23. ouvrir	23. öffnen
24. madanm	24. wife	24. esposa	24. épouse, femme	24. die Frau
25. magazen	25. store	25. almacén, tienda	25. magasin	25. das Geschäft
26. menm	26. same	26. mismo, a	26. même	26. selbst,das/der/dieselbe

Glosè Miltileng/Multilingual Glossary/ Glosario Multilingüe/ Glossaire multilingue /Mehrsprachiges Glossar
Leson 7 - Tounen Nan Travay (2èm pati)

Haitian Creole	English	Spanish	French	German
1. mwa	1. month	1. mes	1. mois	1. der Monat
2. mwen	2. I, me, my	2. yo, me, mi	2. je, me, moi	2. ich, mich, mir
3. nan	3. in	3. en	3. en, dans	3. in
4. nou	4. we, us, our	4. nosotros, nuestro, a, s	4. nous, notre, nos	4. wir, uns, unser
5. pa	5. not	5. no	5. ne…pas	5. nicht
6. plis	6. more	6. más	6. plus de	6. mehr
7. pòt	7. door	7. puerta	7. porte	7. die Tür
8. pou	8. for, to	8. por, para	8. pour	8. für
9. pran	9. to take	9. tomar	9. prendre	9. nehmen
10. rekòmanse	10. to start, begin again	10. empezar de nuevo, volver a empezar	10. recommencer	10. Wiederanfangen wiederbeginnen
11. repo	11. rest	11. reposo	11. repos	11. die Pause, die Rast
12. rewè	12. to see again	12. volver a ver	12. revoir	12. wiedersehen
13. sa	13. for that	13. por eso	13. pour cela	13. dafür
14. soti	14. have just	14. acabar de	14. venir de	14. gerade
15. tou	15. all	15. todo	15. tout	15. alle, aller, alles
16. toujou	16. always	16. siempre	16. toujours	16. immer
17. tounen	17. to return, go back	17. regresar, volver	17. retourner	17. zurückgehen
18. tout	18. all	18. todos	18. tous, toutes	18. alle
19. travay	19. work, to work	19. trabajo, trabajar	19. travail, travailler	19. die Arbeit, arbeiten
20. vakans	20. vacation, holiday	20. vacaciones	20. vacances	20. die Ferien
21. wè	21. to see	21. ver	21. voir	21. sehen
22. yo	22. they, plural marker	22. ellos, as, forma plural	22. ils, elles, forme plurielle	22. sie, Plural Marker
23. yon	23. a, one	23. un	23. un	23. ein(e)

Douce / Lekti Kreyòl

Glosè Miltileng/Multilingual Glossary/ Glosario Multilingüe/ Glossaire multilingue /Mehrsprachiges Glossar
Leson 8 - Lanjelis

Haitian Creole	English	Spanish	French	German
1. a	1. at	1. a	1. à	1. nach, auf, an, von, bis
2. ak	2. with	2. con	2. Avec	2. mit
3. an	3. the	3. el	3. Le, la	3. das, der, die
4. anba	4. Under	4. Debajo, abajo	4. sous	4. unterhalb, unter
5. ankò	5. again	5. Otra vez, de nuevo	5. encore	5. noch
6. ap	6. Progressive marker	6. Forma progresiva	6. Forme progressive	6. gerade
7. boure	7. Filled with, crammed with	7. Lleno de	7. Rempli de, plein de, bourré de	7. gefüllt mit, völlig
8. de	8. from	8. de	8. de	8. aus, von
9. disparèt	9. To disappear	9. desaparecer	9. disparaître	9. veschwinden
10. distans	10. distance	10. distancia	10. Distance	10. der Abstand
11. diswa	11. Nightly	11. De noche, nocturno,a	11. Du soir, nocturne	11. nachmittags, abends
12. efase	12. To erase, to disappear completely	12. Desaparecer completamente	12. S'effacer	12. auslöschen, auswischen
13. fèk	13. just	13. acabar de	13. venir	13. gerade
14. fèmen	14. to close	14. cerrar	14. fermer	14. Schließen
15. fènwa	15. darkness	15. tinieblas	15. darkness	15. die Dunkel
16. fin	16. have just	16. acabar de	16. venir de	16. gerade
17. firanmezi	17. progressively, little by little	17. progresivamente, poco a poco	17. au fur et à mesure	17. In dem Maße
18. fòs	18. strength	18. fuerza	18. force	18. die Kraft
19. jounen	19. day	19. día	19. jour, journée	19. der Tag
20. kache	20. to hide	20. esconderse	20. se cacher	20. verstecken, verbergen
21. kèk	21. some, a few	21. algunos	21. quelques	21. einige
22. ki	22. that, who	22. que, quien,es	22. qui	22. wer
23. kòmanse	23. to begin	23. empezar	23. commencer	23. anfangen, beginnen

Douce / Lekti Kreyòl

Glosè Miltileng/Multilingual Glossary/ Glosario Multilingüe/ Glossaire multilingue /Mehrsprachiges Glossar
Leson 8 – Lanjelis (2èm pati)

Haitian Creole	English	Spanish	French	German
1. la	1. the	1. el	1. le	1. das, der, die
2. labrimm	2. fog, mist	2. niebla, neblizna, bruma (aml)	2. brume	2. der Nebel
3. lakay	3. home	3. casa, hogar	3. maison, chez soi	3. das Heim
4. lalin	4. moon	4. luna	4. lune	4. der Mond
5. lanjelis	5. dusk	5. anochecer, atardecer	5. crépuscule	5. das Abendläuten
6. lannwit	6. night	6. la noche	6. la nuit	6. die Nacht
7. li	7. it, its	7. se, su	7. il, elle, son, sa	7. es, er, sie sein(e), ihr
8. lòt	8. other	8. otro	8. autre	8. Andere(r, s)
9. mache	9. To walk	9. Andar, caminar (AmL)	9. Marcher	9. gehen, spazieren
10. moman	10. moment	10. momento	10. Moment	10. der Moment, der Augenblick
11. moun	11. people	11. Personas, gente	11. Gens, personnes	11. die Leute
12. mwen	12. I	12. yo	12. je	12. ich
13. nan	13. in	13. En	13. Dans	13. in
14. nèt	14. Completely, totally	14. Completamente, totalmente	14. Complètement, totalement	14. vollständig, völlig, ganz
15. nou	15. we	15. nosotros	15. nous	15. wir
16. nyaj	16. cloud	16. Nube	16. Nuage	16. die Wolke
17. pa	17. not	17. No	17. Ne… pas	17. nicht
18. paske	18. because	18. porque	18. Parce que	18. weil
19. Pètèt	19. maybe	19. Quizá(s), tal vez, a lo mejor	19. Peut-être	19. villeicht, etwa
20. Pita	20. later	20. Más tarde	20. Plus tard	20. später
21. popyè	21. eyelid	21. párpado	21. paupières	21. das Augenlid
22. pral	22. Future marke	22. Tiempo futuro	22. Temps futur	22. werden, werde
23. pran	23. To take	23. tomar	23. Prendre	23. nehmen
24. se	24. It's, it is	24. Es	24. C'est	24. das ist, es ist
25. setè	25. Seven o'clock	25. Las siete	25. Sept heure	25. sieben Uhr
26. si	26. if	26. Si	26. Si	26. wenn, ob
27. Syèl	27. sky	27. Cielo	27. Ciel	27. der Himmel
28. ti	28. little	28. Poco	28. Un peu, une petite	28. ein Wenig
29. tounen	29. Return, come back	29. Volver, Regresar	29. retourner	29. zurückkommen

Douce / Lekti Kreyòl

Glosè Miltileng/Multilingual Glossary/ Glosario Multilingüe/ Glossaire multilingue /Mehrsprachiges Glossar				
Leson 8 – Lanjelis (3èm pati)				
Haitian Creole	English	Spanish	French	German
1. tout	1. all	1. Todo	1. Tout, e	1. alle (es, er)
2. travay	2. work	2. trabajo	2. Travail	2. arbeiten
3. twò	3. Too (much)	3. demasiado	3. trop	3. zuviel
4. va	4. Will (future marker)	4. Tiempo futuro	4. Temps future	4. werden, werde
5. vit	5. Fast, quick	5. rápido	5. vite	5. schnell
6. wè	6. To see	6. Ver	6. Voir	6. sehen
7. yo	7. they	7. Ellos, as	7. Ils, elles	7. sie
8. yon	8. A, an, one	8. Un,	8. un	8. ein(e)
9. zetwal	9. star	9. estrella	étoile	der Stern

Douce / Lekti Kreyòl

Glosè Miltileng/Multilingual Glossary/ Glosario Multilingüe/ Glossaire multilingue /Mehrsprachiges Glossar
Leson 9 - Yon Pye Kenèp Mal

Haitian Creole	English	Spanish	French	German
1. a	1. the	1. el	1. le, l'	1. Das, der, die
2. ak	2. with, and	2. con, y	2. avec, et	2. mit
3. anba	3. under	3. debajo, abajo	3. sous	3. unterhalb, unter
4. ap	4. progressive marker	4. forma progresiva	4. forme progressive	4. Gerade (progressiver Marker)
5. bèl	5. beautiful, nice	5. hermoso, a, bello, a	5. belle	5. schön
6. bò	6. side, beside, near, next to	6. cerca de, al lado de, junto a	6. près de	6. nahe bei
7. bon	7. good	7. buen, o	7. bon	7. gut
8. chèz	8. chair	8. silla	8. chaise	8. der Stuhl
9. diswa	9. night (from the night)	9. de la noche, nocturno, a	9. du soir, nocturne	9. nächtlich
10. fè	10. do	10. hacer, causar	10. faire, causer	10. tun
11. fèy	11. leaf, leaves	11. hojas	11. feuilles	11. das Blatt, die Blätter
12. frechè	12. coolness	12. frescor, tranquilidad, serenidad	12. fraîcheur	12. die Früche, die Kühle
13. gen	13. there is	13. hay	13. il y a	13. es gibt
14. jan	14. kind	14. clase, tipo	14. qualité, type	14. die Type
15. joure	15. to insult, to call name	15. insultar, ofender	15. injurier, insulter	15. belidigen, beschimpfen
16. kage	16. to lean	16. apoyarse a, contra	16. s'incliner, pencher, s'appuyer	16. sich stutzen
17. kay	17. house	17. casa	17. maison	17. das Haus
18. *kenèp	18. kenepa	18. quenepa	18. quenèpe	18. der Kenäp
19. ki	19. that	19. que	19. qui	19. wer
20. la	20. the	20. el	20. le	20. das, der, die
21. labriz	21. breeze	21. brisa	21. brise	21. die Brise
22. lajounen	22. day	22. día	22. jounée, jour	22. der Tag
23. lakay	23. home	23. en casa	23. à la maison	23. Heim (Adv)
24. lè	24. when	24. cuando	24. quand	24. wann
25. li	25. it, it, its	25. él, él, su	25. il, lui, son, ses	25. er, ihm, sein, ihr

Douce / Lekti Kreyòl

Glosè Miltileng/Multilingual Glossary/ Glosario Multilingüe/ Glossaire multilingue /Mehrsprachiges Glossar
Leson 9 - Yon Pye Kenèp Mal (2èm pati)

Haitian Creole	English	Spanish	French	German
1. Lonbraj	1. shadow	1. sombra	1. ombre	1. der Schatten
2. mal	2. male	2. macho (árbol)	2. mâle	2. männlich
3. mal	3. evil	3. mal	3. mal	3. das Böse
4. men	4. but	4. pero	4. mais	4. aber
5. *mitan	5. middle	5. medio	5. milieu	5. der Mittel
6. mizik	6. music	6. música	6. musique	6. die Musik
7. moun	7. people	7. personas, gente	7. personnes, gens	7. die Leute
8. mwen	8. my	8. mi	8. ma	8. mein(e)
9. *nan mitan	9. in the midst	9. en medio	9. au milieu	9. in der Mitte
10. nou	10. our, you	10. sus, ustedes	10. vos, vous	10. wir, unser, Sie, Ihr
11. pa	11. not	11. no	11. ne….pas	11. nicht
12. pajanm	12. never	12. nunca	12. jamais	12. niemal
13. poukisa	13. why	13. porque	13. pourquoi	13. warum
14. pre	14. close, near	14. cerca de, junto a	14. près de	14. nahe bei
15. *pyebwa	15. tree	15. árbol	15. arbre	15. der Baum
16. renmen	16. to love, to like	16. amar, gustar	16. aimer	16. lieben, gern haben
17. resevwa	17. to receive	17. recibir	17. recevoir	17. bekommen
18. rive	18. to reach	18. alcanzar, llegar a	18. atteindre, parvenir	18. ankommen
19. sa	19. that	19. eso	19. cela	19. das
20. se	20. it's	20. es	20. c'est	20. das ist, es ist
21. soufle	21. to blow	21. soplar	21. souffler	21. blasen, wehen
22. tanzantan	22. from time to time	22. cada tanto, de vez en cuando, a veces	22. de temps à autre, de temps en temps	22. von Zeit zu Zeit
23. ti	23. little	23. pequeño, a	23. petit, e	23. klein(e)
24. *tou	24. very (tou pre:very close)	24. muy (tou pre: muy cercano)	24. très (très près, tout près)	24. ganz aus der Nähe
25. tout	25. all	25. todos, as	25. tous, toutes	25. alle
26. yo	26. its	26. sus	26. ses	26. ihr, seine
27. yon	27. a	27. un	27. un,e	27. ein(e)
28. zòrèy	28. ear(s)	28. oreja(s)	28. oreille(s)	28. dias Ohr, die Ohren

Douce / Lekti Kreyòl

Glosè Miltileng/Multilingual Glossary/ Glosario Multilingüe/ Glossaire multilingue /Mehrsprachiges Glossar				
Leson 10 - Aparans E Karaktè Moun				
Haitian Creole	English	Spanish	French	German
1. a	1. the	1. El, la	1. Le, la	1. das, der, die
2. Afrik	2. Africa	2. África	2. Afrique	2. Afrika
3. ak	3. With, and	3. Con, y	3. Avec, et	3. mit, and
4. aktif	4. active	4. Activo,a	4. Actif, ve	4. aktiv
5. Amerik	5. America	5. América	5. Amérique	5. Amerika
6. anraje	6. mad	6. Loco, furioso	6. Fou, enragé	6. toll, rasend
7. aparans	7. appearance	7. apariencia	7. apparence	7. der Schein
8. Azi	8. Asia	8. Asia	8. Asie	8. Asien
9. depaman	9. Illogical, unmatched	9. Ilógico, Incomparable, sin par	9. Illogique, désassorti	9. Unlogisch, unvollständig
10. deraye	10. To derail	10. descarrilar	10. Dérailler	10. entgleisen
11. di	11. say	11. decir	11. Dire	11. sagen
12. dlo	12. water	12. agua	12. Eau	12. der Wasser
13. dousman	13. slowly	13. lentamente	13. Lentement, doucement	13. leise
14. drèt	14. Right, correct	14. Recto, correcto	14. Droit, correct	14. recht
15. ekt...	15. Etc…	15. Etc…	15. Etc…	15. und so weiter
16. Ewòp	16. Europe	16. Europa	16. Europe	16. Europa
17. fò	17. strong	17. fuerte	17. Fort, e	17. kräftig
18. fou	18. Crazy, foolish	18. loco	18. Fou	18. verrückt
19. gen	19. There is, there are	19. hay	19. Il y a	19. es gibt
20. gra	20. Heavy, fat	20. Relleno, gordo	20. gras	20. fett
21. Gwo	21. big	21. Grande, corpulento	21. gros	21. dick, groß
22. kalite	22. quality	22. calidad	22. qualité	22. Die Elgenschaft, die Qualität
23. karaktè	23. Character, temper	23. Carácter, personalidad, naturaleza	23. charactère	23. Der Buchtabe, das Zeichen
24. kenbe	24. To hold	24. Sujetar, tener	24. Tenir, assujetir	24. halten, fassen
25. ki	25. who	25. Quien, que	25. Qui	25. wer

Glosè Miltileng/Multilingual Glossary/ Glosario Multilingüe/ Glossaire multilingue /Mehrsprachiges Glossar
Leson 10 - Aparans E Karaktè Moun (2èm pati)

Haitian Creole	English	Spanish	French	German
1. klè	1. clear	1. claro	1. Clair	1. klar
2. kòk	2. coconut	2. coco	2. Noix de coco	2. die Kokosnuß
3. konsa	3. likewise	3. Asimismo, igualmente, tambièn	3. Aussi, de même	3. auch, gleichfalls, ebenso
4. kou	4. like	4. como	4. Comme	4. wie
5. kreyòl	5. Creole	5. Lengua criolla	5. Créole	5. die kreolische Sprache
6. la	6. the	6. la	6. le	6. das, der, die
7. latè	7. The earth	7. La tierra	7. La terre	7. die Erde
8. lè	8. when	8. cuando	8. Quand	8. wann
9. li	9. He, she	9. Él, ella	9. Il, elle	9. er, sie
10. lòt	10. other	10. Otro, a	10. Autre	10. Adere(er, res)
11. mèg	11. Thin, lean, meager	11. Delgado, flaco, enjuto	11. Maigre	11. mager
12. men	12. but	12. pero	12. Mais	12. aber
13. menm	13. same	13. mismo	13. Même	13. das/der/die/selbe
14. mens	14. thin	14. Delgado, fino	14. Mince	14. dünn, fein
15. moun	15. people	15. Gente, personas	15. Gens, personne(s)	15. Die Personnen/Leute
16. Nan	16. in	16. En, dentro	16. Dans, en	16. in
17. Ostrali	17. Australia	17. Ostralia	17. Australie	17. Australien
18. oubyen	18. or	18. O, u, ó	18. Ou, oubien	18. oder
19. pa	19. not	19. no	19. Ne	19. nicht
20. pale	20. To speak	20. hablar	20. Parler	20. sprechen
21. parese	21. lazy	21. Perezoso, a	21. Paresseux, se	21. faul
22. pawòl	22. word	22. palabra	22. Parole	22. das Word
23. peyi	23. country	23. país	23. pays	23. das Land
24. pi	24. more	24. más	24. plus	24. mehr
25. pou	25. to	25. Para o (expletivo)	25. pour	25. für

Glosè Miltileng / Multilingual Glossary / Glosario Multilingüe / Glossaire multilingue / Mehrsprachiges Glossar

Leson 10 - Aparans E Karaktè Moun (3èm pati)

Haitian Creole	English	Spanish	French	German
1. Pwovèb	1. proverb	1. proverbio	1. Proverbe	1. das Sprichtwort
2. se	2. It's	2. es	2. C'est	2. das ist, es ist
3. Sou	3. on	3. En, sobre	3. sur	3. auf
4. tèt	4. Head, brain	4. Cabeza, mente	4. Tête, esprit	4. der Kopf, der Geist
5. tou	5. also	5. también	5. Aussi	5. auch
6. tout	6. all	6. Todos, as	6. Tous	6. alle
7. travayan	7. Working (hard-)	7. Trabajador, a	7. Travaillant,e	7. arbeitend
8. yo	8. they	8. Ellos, as	8. Ils, elles	8. sie
9. youn	9. One, a	9. Uno, un	9. un	9. ein(e)

Douce / Lekti Kreyòl

Glosè Miltileng/Multilingual Glossary/ Glosario Multilingüe/ Glossaire multilingue /Mehrsprachiges Glossar
Leson 11 – Yon Lèt

Haitian Creole	English	Spanish	French	German
1. ak	1. with	1. con	1. Avec	1. mit
2. ane	2. year	2. año	2. Année, an	2. das Jahr
3. anpil	3. A lot, much	3. mucho	3. Beaucoup	3. viel(e)
4. ap	4. Progressive marker	4. Forma progresiva	4. Forme progressive	4. gerade
5. avèk	5. with	5. con	5. Avec	5. mit
6. avril	6. April	6. Abril	6. Avril	6. April
7. bagay	7. thing	7. cosa	7. Chose	7. die Sache
8. Ban	8. Give (+ me, us)	8. Dar (+me, nos)	8. Donne(z) (+moi, nous)	8. gab, geben Sie
9. Bibi	9. Nickname for Brisson	9. Apodo por Brisson	9. Sobriquet pour Brisson	9. Bibi
10. bò	10. Near, next to	10. Cerca, al lado de	10. Près de	10. nahe bei
11. bon (bon jan)	11. Good (a lot of)	11. Bueno (mucho)	11. Beaucoup de	11. lieb, angenehm
12. Bondye	12. God	12. Dios	12. Dieu	12. Gott
13. byen	13. well	13. bien	13. Bien	13. gut
14. chak	14. each	14. cada	14. Chaque	14. Jede (er es)
15. Chè (Cheri)	15. Dear (darling)	15. Querido,a (cariño)	15. Cher, ère (chéri,e)	15. lieb, Lieblin(e)
16. depi	16. since	16. Desde entonces	16. Depuis	16. seit
17. devan	17. before	17. delante	17. Devant	17. vor, voraus
18. Di	18. Tell, say to	18. decir	18. Dire	18. sagen, reden
19. ekri	19. To write	19. escribir	19. Écrire	19. schreiben
20. fado	20. burden	20. Fardo, carga, peso	20. Fardeau	20. das Last, die Bürde
21. fè	21. To make	21. hacer	21. Faire, rendre	21. machen
22. gason	22. Son, boy	22. Hijo	22. Fils, garcon	22. der Sohn
23. gwo	23. Big, great	23. grande	23. grand	23. groß
24. jan	24. Kind (see *bon jan*)	24. Tipo (ver *bon jan*)	24. Genre (voyez *bon jan*)	24. die Type
25. jou	25. day	25. día	25. Jour	25. der Tag
26. kè	26. heart	26. corazón	26. Coeur	26. das Herz, der Mut

Glosè Miltileng/Multilingual Glossary/ Glosario Multilingüe/ Glossaire multilingue /Mehrsprachiges Glossar				
Leson 11 – Yon Lèt (2èm pati)				
Haitian Creole	English	Spanish	French	German
1. Kijan	1. How (int)	1. Cómo (int)	1. Comment (int)	1. wie
2. konnen	2. know	2. Conocer, saber	2. Connaître, savoir	2. können, wissen
3. kote	3. side	3. lado	3. côté	3. die Seite
4. kouraj	4. Courage, strength	4. Valor, valentía	4. Courage	4. der Mut
5. koze	5. To chat, to talk	5. Hablar, charlar, platicar	5. Parler, causer	5. sich unterhalten, plaudern
6. laj	6. wide	6. Amplio, ancho	6. Large	6. breit, dick, weit
7. lakontantman	7. Contentment, satisfaction	7. Contento, satisfacción	7. contentement	7. die Zufriedenheit, die Freude
8. lontan	8. (for) a long time	8. (por) mucho tiempo	8. longtemps	8. lange(Zeit)
9. lòt	9. other	9. otro	9. Autre	9. Andere(r,s)
10. louvri	10. To open	10. abrir	10. Ouvrir	10. öffnen
11. lwen	11. far	11. lejos	11. Loin	11. weit, fern
12. manman	12. mother	12. madre	12. Mere	12. die Mutter
13. Men	13. But	13. pero	13. Mais	13. aber
14. menm	14. even	14. aun	14. Même	14. selbst, sogar, der/ die/ das/selbe
15. mèt	15. may	15. Tener permision	15. Avoir permission, pouvoir	15. dürfen, vermögen
16. moun	16. people	16. Persona, gente	16. Personne, gens	16. die Leute
17. mwa	17. month	17. mes	17. Mois	17. der Monat
18. mwen	18. I, me	18. Yo, me	18. Je, moi	18. ich, mich, mir
19. nan	19. In	19. En, dentro	19. Dans	19. in
20. nanm	20. soul	20. alma	20. Âme	20. die Seele
21. ni	21. neither	21. ni	21. Ni	21. auch nicht
22. nou	22. We, us	22. Nostros, nos	22. Nous	22. wir, uns
23. nouvèl	23. news	23. noticias	23. nouvelles	23. die Nachricht
24. Nouyòk	24. New York	24. Nueva York	24. New York	24. Neu York
25. ou	25. you	25. Tu. usted	25. Tu, vous	25. du, ihr, euch, Ihnen
26. pa	26. Not (neg. marker)	26. No (forma negativa)	26. Ne (marqueur négatif)	26. nicht

Douce / Lekti Kreyòl

Glosè Miltileng/Multilingual Glossary/ Glosario Multilingüe/ Glossaire multilingue /Mehrsprachiges Glossar
Leson 11 – Yon Lèt (3èm pati)

Haitian Creole	English	Spanish	French	German
1. Petyonvil	1. Petion Ville (city name)	1. Petion Ville (nombre de ciudad)	1. Pétion Ville	1. Petion Ville (der Name einer Stadt)
2. Pitit	2. Child (son or daughter)	2. Niño,a	2. Enfant	2. das Kind
3. plim	3. pen	3. Bolígrafo, pluma, fuente	3. Plume, stylo	3. der Füller
4. Pote	4. To carry	4. llevar	4. Porter	4. tragen
5. pou	5. for	5. por	5. Pour	5. für
6. pran	6. take	6. tomar	6. Prendre	6. nehmen
7. pre	7. Close to, near	7. cerca	7. Près	7. nahe bei
8. priye	8. To pray	8. Rezar, orar	8. prier	8. beten (zu)
9. rache	9. Broken (heart)	9. Roto, destrozado (corazón)	9. Se déchirer (Coeur)	9. brechen
10. renmen	10. To love, like	10. amar	10. Aimer	10. lieben, gern haben
11. rete	11. To stay, remain	11. Quedarse, permanecer	11. rester	11. bleiben
12. sa	12. This, that	12. Este, a	12. cela	12. diese,(er,es)
13. Se	13. It is	13. es	13. C'est	13. das ist, es ist
14. Yon sèl	14. Only one	14. Sólo uno, a	14. Seulement un,e	14. nur (ein) e
15. sèten	15. certain	15. cierto	15. certain	15. sicher
16. sonje	16. remember	16. acordarse de, recordar	16. Se souvenir	16. sich erinnern(an)
17. soulajman	17. relief	17. alivio	17. soulagement	17. die Erleichterung
18. ta	18. Would (cond. Marker)	18. Forma condicional	18. Marqueur conditionel	18. würden, würde
19. Tanpri	19. please	19. Por favor	19. Je t'en prie	19. bitte!
20. tou	20. Also, too	20. también	20. Ausssi	20. auch
21. toujou	21. always	21. siempre	21. Toujours	21. immer
22. tout	22. all	22. Todo,a	22. Tout,e	22. alle (es, er)
23. tris	23. Sad	23. triste	23. Triste	23. traurig
24. twò	24. Too much	24. demasiado	24. Trop	24. zu viel
25. w	25. You (abbr. of ou)	25. Tu, usted (abr. dee ou)	25. Tu, vous (abbr. de ou)	25. Du, ihr, euch,
26. ye	26. To be	26. ser	26. Être	26. sein (v.)
27. yo	27. They, their, theirs	27. Ellos, su, sus, suyos, as	27. Ils, elles, leur,s, eux	27. sie, ihr
28. yon	28. A, one	28. Un, o	28. un	28. ein

Glosè Miltileng/Multilingual Glossary/ Glosario Multilingüe/ Glossaire multilingue /Mehrsprachiges Glossar
Leson 12 – Nan Lopital

Haitian Creole	English	Spanish	French	German
1. ak	1. with, and	1. con, y	1. avec, et	1. Mit, und
2. akoz	2. because of	2. a causa de	2. à cause de	2. wegen
3. akòz	3. because of	3. a causa de	3. à cause de	3. wegen
4. aksidan	4. accident	4. accidente	4. accident	4. der (Zufall/Vorfall)
5. ale	5. to go	5. ir	5. aller	5. gehen
6. anpil	6. much, a lot, lots of	6. mucho,s, as	6. beaucoup	6. viel (e)
7. ap	7. progressive marker	7. forme progressive	7. forma progresiva	7. gerade
8. aprè	8. after	8. despues	8. après	8. nach
9. chiriji	9. surgery	9. cirugía	9. chirurgie	9. die Chirurgie
10. di	10. hard, sad	10. duro, triste	10. dur, triste	10. hart, fest,
11. enpridans	11. Imprudence, carelessness	11. Imprudencia, falta de atención, despreocupación	11. Imprudence	11. die Unklugheit, die Unvorsichtigkeit
12. fasil	12. easy	12. fásil	12. Facile	12. leicht
13. fè	13. To do	13. hacer	13. Faire	13. tun
14. Fòk	14. must	14. deber	14. Devoir	14. müssen
15. Ganyen/Genyen	15. There is, are	15. hay	15. Il y a	15. es gibt
16. Gen (abbr.)	16. There is, are	16. hay	16. Il y a	16. es gibt
17. grav	17. serious	17. Grave, serio	17. grave	17. gefärlich, schlimm
18. jan	18. way	18. manera	18. Manière, façon	18. die Art, die Weise
19. ka	19. Can, may	19. poder	19. Pouvoir	19. Können, dürfen
20. k' = ki	20. who	20. quien	20. Qui	20. wer
21. kè	21. heart	21. corazón	21. Coeur	21. das Herz, der Mut
22. ki	22. who	22. quien	22. Qui	22. wer
23. kouche	23. Lie down	23. acostarse	23. Se coucher	23. zu Bett gehen
24. kouraj	24. Courage, strength	24. Valor, valentía	24. Courage	24. der Mut
25. lapenn	25. pain	25. pena	25. Peine	25. die Strafe, das Leiden
26. lè	26. when	26. cuando	26. Quand	26. wann
27. Li	27. it	27. eso	27. Cela	27. das, es
28. lopital	28. hospital	28. hospital	28. Hôpital	28. das Krankhaus, der Hospital

Douce / Lekti Kreyòl

Glosè Miltileng / Multilingual Glossary / Glosario Multilingüe / Glossaire multilingue / Mehrsprachiges Glossar
Leson 12 – Nan Lopital (2èm pati)

Haitian Creole	English	Spanish	French	German
1. lòt	1. A lot	1. muchos	1. Beaucoup	1. viel(e)
2. malnitrisyon	2. malnutrition	2. desnutrición	2. Malnutrition	2. Falsche Ernährung
3. moun	3. people	3. Gente, personas	3. Gens	3. Der Volk, die Leute
4. nan	4. In	4. En, dentro	4. Dans, en	4. in
5. òtopedi	5. orthopedics	5. ortopedia	5. orthopédie	5. die Orthopädie
6. ou	6. you	6. Usted, tu	6. Vous, tu	6. Sie, ihr, euch, Ihnen, du
7. oubyen	7. or	7. O, u	7. oubien	7. oder
8. pa	8. Not (neg. marker)	8. No (forma negativa)	8. Ne (marqueur négatif)	8. nicht
9. Pafwa	9. sometimes	9. A veces	9. Parfois	9. manchmal
10. pou	10. to	10. para	10. Pour	10. für
11. sa	11. It, this	11. Es, eso	11. Cela	11. das, es
12. se	12. It's	12. Es	12. C'est	12. das ist, es ist
13. soufri	13. suffer	13. Sufrir, padecer	13. Souffrir	13. leiden
14. tibèkiloz.	14. tuberculosis	14. tuberculosis	14. Tuberculose	14. die Tuberkulose
15. tout	15. all	15. Todo,s	15. Tout, tous	15. alles, aller, alle
16. vizite	16. To visit	16. visitar	16. visiter	16. besuchen / besichtigen
17. wè	17. To see	17. ver	17. Voir	17. sehen
18. yo	18. they	18. Ellos,as	18. Ils, elles	18. sie
19. yon	19. a, an	19. Un,o	19. Un,e	19. ein (e)
20. youn	20. a, an	20. Un,o	20. Un,e	20. ein (e)
21. zantray	21. entrails	21. entrañas	21. entrailles	21. das Eingeweide, das Herz

Glosè Miltileng / Multilingual Glossary / Glosario Multilingüe / Glossaire multilingue / Mehrsprachiges Glossar

Leson 13 – Yon Ti Tonèl

Haitian Creole	English	Spanish	French	German
1. ak	1. with	1. con	1. avec	1. mit
2. Anpil	2. many, a lot	2. muchos, as	2. beaucoup	2. viel(e)
3. anyen	3. nothing	3. Nada	3. Rien	3. nichts
4. Babò (see tribò)	4. See tribò	4. Vea tribò	4. Voyez tribò	4. sehen Sie tribò
5. bon	5. good	5. bueno	5. Bon	5. gut
6. bòs	6. worker	6. trabajador	6. Travailleur	6. der Arbeiter
7. bwa	7. wood	7. madera	7. Bois	7. das Holz / das Gehölz
8. chèn	8. oak	8. Roble, encina	8. chêne	8. die Eiche, das Eichenholz
9. ditou	9. not at all	9. Nada bien	9. Pas du tout	9. gar nicht
10. fè	10. To do	10. hacer	10. Faire	10. tun
11. fèt	11. made	11. Hecho,a	11. Fait,e	11. gemacht
12. fwa	12. time	12. vez	12. fois	12. Mal (ein, zwei etc.)
13. gen	13. There is, are	13. hay	13. Il y a	13. es gibt
14. gonmye	14. Gum tree	14. Árbol gomero, eucalipto	14. gommier	14. der Gummibaum
15. gwo	15. big	15. grande	15. gros	15. groß
16. kajou	16. mahogany	16. caoba	16. Acajou	16. das Mahagoni (Holz)
17. kay	17. house	17. casa	17. Maison	17. das Haus
18. ki	18. who	18. quien	18. qui	18. wer
19. kokoye	19. Coconut tree	19. cocotero	19. cocotier	19. die Kokospalme
20. la	20. the	20. El, la	20. Le, la	20. Das, der, die
21. lapli	21. rain	21. lluvia	21. La pluie	21. das Regnen
22. lè	22. when	22. cuando	22. Quand	22. wann
23. Li	23. it	23. Él, ella	23. Il, elle	23. es
24. Malerezman	24. unfortunately	24. Desgraciadamente, lamentablemente	24. malheureusement	24. unglücklicherweise
25. Malgre	25. In spite	25. A pesar de, pese a	25. malgré	25. trotz

Glosè Miltileng/Multilingual Glossary/ Glosario Multilingüe/ Glossaire multilingue /Mehrsprachiges Glossar
Leson 13 – Yon Ti Tonèl (2èm pati)

Haitian Creole	English	Spanish	French	German
1. oubyen	1. or	1. O, u, ó	1. Ou, oubien	1. oder, oder auch
2. pa	2. not	2. no	2. pas	2. nicht
3. pase	3. Spend (time)	3. pasar	3. passer	3. vergehen
4. pay	4. straw	4. paja	4. paille	4. das Stroh
5. Pi…pase	5. More …. than	5. Más … que	5. Plus … que	5. mehr... als
6. pou	6. to	6. para	6. Pour, de	6. für
7. sa	7. This, that	7. Este, a, ese, a, aquel,la	7. Cela, ça	7. das , es
8. se	8. It's	8. es	8. C'est	8. das ist, es ist
9. Sèvi ak	9. use	9. Usar, emplear, utilizar	9. Se servir de, utiliser, employer	9. ausnutzen, gebrauchen
10. solèy	10. sun	10. sol	10. Soleil	10. die Sonne
11. solid	11. Solid, strong	11. Sólido, fuerte	11. Solide, fort	11. fest
12. tankou	12. like	12. como	12. Comme, tel,le	12. wie,als, sowie
13. Ti	13. Small, little	13. Pequeño,a	13. Petit, e	13. klein, gering
14. tonèl	14. arbour	14. Cenador, pérgola	14. tonnelle	14. das Tonnengewölbe
15. travay	15. Work	15. trabajo	15. travail	15. die Arbeit
16. trese	16. To plait	16. trenzar	16. tresser	16. flechten
17. Tribò babò*	17. everywhere	17. A todas partes, en todas partes	17. Partout	17. überall
18. vre	18. true	18. verdadero	18. Vrai	18. wirklich
19. yo	19. they	19. Ellos,as	19. Ils, elles	19. sie
20. yon	20. a, an	20. Un,o	20. Un,e	20. ein(e)

Douce / Lekti Kreyòl

Glosè Miltileng/Multilingual Glossary/ Glosario Multilingüe/ Glossaire multilingue /Mehrsprachiges Glossar				
Leson 14 - Bòs Fòmann				
Haitian Creole	English	Spanish	French	German
1. a	1. the	1. el, la	1. le, la	1. das, der, die
2. ap	2. progressive marker	2. forma progresiva	2. forme progressive	2. gerade
3. bati	3. To build	3. **Construir, hacer**	3. Construire, faire	3. bauen, errichten
4. bezwen	4. To need	4. **Necesitar, requerir**	4. Avoir besoin de	4. brauchen
5. bon	5. good	5. Bueno, a	5. Bon,ne	5. gut(e)
6. Bòs	6. Worker, or supervisor	6. Trabajador, o supervisor	6. Travailleur, ou superviseur	6. der Arbeiter, der Superviseur
7. chantye	7. Building site	7. obra	7. Chantier	7. das Bauhof
8. detay	8. Detail, s	8. Detalle, s	8. Details	8. das Zerteilen
9. dwe	9. must	9. deber	9. Devoir	9. müssen, dürfen
10. enjenyè	10. engineer	10. ingeniero	10. ingénieur	10. der Ingenieur
11. fòmann	11. Foreman, overseer	11. Capataz, supervisor	11. contremaître	11. der Werkmeister
12. gwo	12. big	12. grande	12. gros	12. groß
13. ka	13. Can, may	13. poder	13. Pouvoir	13. können, dürfen
14. ki	14. who	14. quien	14. Qui	14. wer
15. la	15. the	15. el, la	15. le, la	15. das, der, die
16. Lè	16. when	16. cuando	16. Quand, lorsque	16. wann
17. Li	17. he	17. él	17. il	17. er
18. men	18. but	18. pero	18. Mais	18. aber
19. moso	19. part	19. parte	19. Partie, morceau	19. der Teil, das Stück
20. nan	20. in	20. En, dentro de	20. Dans, en	20. in
21. nòmalman	21. normally	21. normalmente	21. Normalement	21. normalerweise
22. oubyen	22. or	22. O, u, ó	22. Ou, oubien	22. oder, oder auch
23. ouvriye	23. worker	23. trabajador	23. travailleur	23. der Arbeiter
24. pa	24. not	24. no	24. pas	24. nicht
25. pandan	25. during	25. durante	25. Pendant	25. während

Douce / Lekti Kreyòl

Glosè Miltileng/Multilingual Glossary/ Glosario Multilingüe/ Glossaire multilingue /Mehrsprachiges Glossar
Leson 14 - Bòs Fòmann (2èm pati)

Haitian Creole	English	Spanish	French	German
1. pase	1. Spend (time)	1. pasar	1. Passer	1. vergehen
2. pi	2. Pi+adj. =the most, the …est	2. El, la más…	2. Le, la plus	2. Am meisten
3. piti	3. (Of less authority), Little, small	3. (De menos autoridad), pequeño, a	3. (de moindre autorité), Petit	3. (aus der gerigen Gewalt) ein kleiner Mensch
4. *plas (de sou plas)	4. Site, (from on site)	4. Lugar (de en el lugar)	4. Place, (de sur place)	4. Das Ort, die Stelle
5. pou	5. To, for	5. Por, para	5. pour	5. für
6. rete	6. stay	6. Quedarse, pernacerse	6. rester	6. bleiben
7. sipèvize	7. To supervise	7. supervisar	7. superviser	7. überwachen
8. *Sou plas	8. on site	8. en el lugar	8. sur place, sur les lieux	8. Ans Ort, an der Stelle
9. tout	9. all	9. todo	9. Tout	9. alle (er, es)
10. toutan	10. All the time, always	10. Todo el tiempo, siempre	10. Tout le temps, toujours	10. für immer
11. travay	11. Work, building site	11. Trabajo, obra	11. Travail, chantier	11. Die Arbeit, der Arbeitsplatz
12. yon	12. a, an	12. Un,o	12. Un,e	12. ein (e)
13. yo	13. they	13. Ellos,as	13. Ils, elles	13. sie

Douce / Lekti Kreyòl

Glosè Miltileng/Multilingual Glossary/ Glosario Multilingüe/ Glossaire multilingue /Mehrsprachiges Glossar
Leson 15 - Yon Travay Faktori

Haitian Creole	English	Spanish	French	German
1. a	1. the	1. el, la	1. le, la, l'	1. das, der die
2. ak	2. with	2. con	2. Avec	2. mit
3. Anita	3. Anita (female name)	3. Anita (nombre de hembra)	3. Nom (de fille)	3. Anita (ein weiblicher Name)
4. Anpil	4. Much, a lot	4. Mucho,os	4. Beaucoup	4. viel (e)
5. Anverite	5. Verily	5. En verdad, de cierto	5. En vérité	5. wahrlich
6. ap	6. progressive marker	6. forma progresiva	6. forme progressive	6. gerade
7. bezbòl	7. baseball	7. **béisbol**	7. baseball	7. Baseball
8. bije	8. obligated	8. obligado	8. obligé	8. verpflichtet
9. bonè	9. early	9. Temprano	9. tôt	9. früh
10. boul	10. ball	10. pelota	10. Balle, boule	10. der Ball
11. *Bout di	11. hardship	11. Privación, apuro, miseria	11. Épreuves, souffrance, pauvreté, privation	11. schwere Prüfungen
12. byen	12. well	12. bien	12. bien	12. gut
13. devore	13. To devour	13. Devorar	13. dévorer	13. verschliegen, fressen
14. di	14. hard	14. duro	14. dur	14. hart, fest, schwer
15. dwèt	15. finger	15. dedo	15. Doigt	15. der Finger
16. dyòb	16. Work, job	16. Trabajo, empleo	16. Travail, emploi	16. die Arbeit, das Gebrauch
17. faktori	17. factory	17. fábrica	17. usine	17. die Fabrik
18. fè	18. To make	18. Hacer, confeccionar	18. Faire, fabriquer	18. machen
19. *fin + verb	19. To end-up	19. Conducir a	19. Finir par	19. entdecken
20. goumen	20. To struggle	20. luchar	20. Lutter, se débattre	20. ringen, käpfen
21. grangou	21. hungry	21. hambriento	21. Faim	21. der Hunger
22. ka	22. may	22. poder	22. pouvoir	22. dürfen
23. *kan (menm kan)	23. Even when	23. Aunque, aun cuando	23. Même quand	23. Selbst wenn, sogar wenn
24. k'ap = ki ap	24. Who/that is/are (+progressive form)	24. Quien/que está (+ forma progresiva)	24. Qui (+ forme progressive)	24. wer, das, der die...gerade

Douce / Lekti Kreyòl

Glosè Miltileng/Multilingual Glossary/ Glosario Multilingüe/ Glossaire multilingue /Mehrsprachiges Glossar
Leson 15 - Yon Travay Faktori (2èm pati)

Haitian Creole	English	Spanish	French	German
1. Kout (+ zegwi)	1. Prick (+ needle)	1. Agujazo	1. Coup (+ aiguille)	1. Der Nedelstich
2. la	2. the	2. el, la	2. le, la	2. Das, der, die
3. lamizè	3. (extreme) poverty, misery	3. Pobreza absoluta, miseria	3. misère	3. das Elend
4. lekòl	4. school	4. escuela	4. École	4. die Schule
5. leve	5. Get up, wake up	5. Levantarse, ponerse de pie	5. Se lever	5. aufstehen
6. li	6. it	6. lo	6. le	6. es
7. malad	7. Sick, ill	7. Enfermo, a	7. Malade	7. krank
8. manje	8. To eat	8. comer	8. Manger	8. eßen
9. Manman	9. Mom, mother	9. Mama, madre	9. mère	9. die Mutter
10. M'ap (mwen ap)	10. I + progressive form	10. Yo + forma progresiva	10. Je + forme progressive	10. Ich +v+gerade
11. *Menm (see menm kan)	11. see menm kan	11. vea menm kan	11. voyez menm kan	11. sehen Sie (menm kan)
12. moun	12. people	12. Gente	12. gens	12. die Leute
13. mouri	13. To die	13. morir	13. Mourir	13. sterben
14. nan	14. In	14. En, dentro	14. Dans	14. in
15. nou	15. we	15. nosotros	15. nous	15. wir
16. oubyen	16. or	16. O, u, ó	16. Ou, oubien	16. oder, oder auch
17. pa	17. Not (neg. marker)	17. No (forma negativa)	17. Ne (marqueur négatif)	17. nicht
18. Pafwa	18. sometimes	18. a veces	18. parfois	18. manchmal
19. pral	19. Future marker (abbr)	19. Tiempo futuro (abbr)	19. Temps future (abbr)	19. werden, werde
20. sa	20. It, this	20. Es, eso	20. Cela	20. es, das
21. se	21. It is	21. es	21. C'est	21. das ist, es ist
22. senyen	22. To bleed	22. sangrar	22. Saigner	22. bluten
23. Si	23. If	23. si	23. Si	23. Wenn, ob
24. sila	24. this	24. este	24. Ce, cette	24. diese (es, er)
25. *Swa… oubyen	25. Either…or	25. o…..o	25. Soit…ou	25. entweder…oder

Douce / Lekti Kreyòl

Glosè Miltileng/Multilingual Glossary/ Glosario Multilingüe/ Glossaire multilingue /Mehrsprachiges Glossar				
Leson 15 - Yon Travay Faktori (3èm pati)				
Haitian Creole	English	Spanish	French	German
1. Tidyo	1. Tidyo (boy or man name, Little Joe)	1. Tidyo (nombre de niño o de hombre, Pequeño Jose)	1. Tidyo (nom de garcon ou d'homme, Petit Joe)	1. Tidyo
2. tout	2. all	2. Todo, todos, as	2. Tout,e, tous	2. alle(es, er)
3. travay	3. work	3. trabajo	3. Travail	3. die Arbeit
4. viv	4. To live	4. vivir	4. Vivre	4. leben
5. yo	5. they	5. Ellos,as	5. Ils, elles	5. sie
6. Yon	6. a, an	6. Un,o	6. Un,e	6. ein(e)
7. zegwi	7. needdle	7. aguja	7. aiguille	7. der Nagel

Douce / Lekti Kreyòl

Glosè Miltileng/Multilingual Glossary/ Glosario Multilingüe/ Glossaire multilingue /Mehrsprachiges Glossar

Leson 16 - Yon Kous Moto

Haitian Creole	English	Spanish	French	German
1. a, an	1. the	1. El, la	1. Le, la	1. das, der, die
2. anpil	2. Much, many, a lot	2. muchos, as	2. beaucoup	2. viel(e)
3. anyen	3. nothing	3. nada	3. Rien	3. 3nichts
4. ap	4. progressive marker	4. forma progresiva	4. forme progressive	4. 4.gerade
5. ba	5. give	5. dar	5. Donner	5. 5.geben
6. de	6. two	6. dos	6. deux	6. 6.zwei
7. double	7. To pass, to overtake	7. Adelantar, tomar la delantera a	7. Dépasser, doubler	7. 7.überpassen
8. *fè mouvman	8. To move	8. mover	8. Bouger, remuer	8. 8.sich bewegen, sich rühren
9. frè	9. brother	9. hermano	9. frère	9. 9.der Bruder
10. fwa	10. time	10. vez	10. Fois	10. 10.ein, zwei/ Mal
11. gagè	11. Cockfight place	11. Lugar de pelea de gallos	11. Lieu de combat de coqs	11. 11.der Hahn kampfplatz
12. genyen	12. win	12. ganar	12. Gagner	12. 12gewinnen siegen
13. kalite	13. quality	13. calidad	13. qualité	13. die Qualität
14. kalòt	14. slap	14. Manotada, palmada	14. Calotte, gifle	14. das Käppchen, die Mütze
15. kèk	15. some	15. algunos	15. quelques	15. einige
16. ki	16. Who, that	16. Quien, que	16. qui	16. wer, daß, die(das,der)
17. kite	17. to leave	17. dejar	17. laisser	17. verlassen
18. kòk	18. rooster	18. gallo	18. coq	18. der Hahn
19. konnen	19. know	19. Conocer, saber	19. Connaître, savoir	19. können, wissen
20. kontan	20. glad, happy	20. Contento(s), a(s)	20. Content,e joyeux,se	20. zufrieden
21. Kous	21. race	21. carrera	21. course	21. der (Wett-)Lauf
22. la	22. the	22. el, la	22. le, la	22. das, der, die
23. lakay	23. home	23. en, a casa	23. à la maison	23. zu Heim
24. lè	24. when	24. Cuando	24. Quand, lorsque	24. wann
25. li	25. it, its	25. se, su	25. il, elle, son, sa	25. es, sein(e)
26. lòt	26. Other,s	26. Otro,s	26. autres	26. andere
27. manje	To eat	27. comer	27. Manger	27. eßen

Douce / Lekti Kreyòl

Glosè Miltileng/Multilingual Glossary/ Glosario Multilingüe/ Glossaire multilingue /Mehrsprachiges Glossar
Leson 16 - Yon Kous Moto (2èm pati)

Haitian Creole	English	Spanish	French	German
1. moto	1. motorcycle	1. Motocicleta, moto	1. Moto (cyclette)	1. das Motorrad
2. motosiklis	2. motorcyclist	2. Motociclista, motorista	2. motocycliste	2. der Motorradfahrer
3. moun	3. person, people	3. Persona, a, gente	3. Personne, s, gens	3. die Leute
4. mouvman	4. movement, move	4. movimiento	4. mouvement	4. die Bewegung
5. mwen	5. I, me	5. Yo, me, mi	5. Je, me, moi	5. Ich, mich, mir
6. nan	6. in	6. en	6. Dans	6. in
7. pa	7. not	7. no	7. pas	7. nicht
8. *Pa li a	8. His, her own	8. Suyo, a, su propio, a	8. Son, sa propre	8. sein(e), ihr(e)
9. Pafwa	9. sometimes	9. a veces	9. parfois	9. manchmal
10. panche	10. To lean, to tilt, to tip	10. Inclinar(se), ladear(se)	10. Pencher, incliner	10. Neigen, senken
11. pèdi	11. to lose	11. perder	11. perdre	11. verlieren
12. pou	12. For, in order to	12. para, a fin de	12. Pour, afin de	12. um zu
13. pou	13. to, for	13. por, para	13. Pour	13. für
14. pral	14. Future marker (abbr)	14. Tiempo futuro (abbr)	14. Temps future (abbr)	14. werden, werde
15. pran	15. take	15. tomar	15. Prendre	15. nehmen
16. prèt	16. About to, close to, near	16. Casi, cerca de	16. Être sur le point de, Près de, presque	16. Im Begiff sein zu
17. renmen	17. To love	17. Amar, gustar	17. Aimer, plaire	17. lieben
18. sa	18. This, that	18. Este,a , ese, a, aquel, la	18. Ceci, cela	18. das,diese(es,er)
19. san	19. without	19. sin	19. sans	19. ohne
20. tankou	20. like	20. como	20. Comme, tel,le	20. wie als,solch(e,r,)s
21. tèlman	21. So much	21. tanto	21. autant	21. ebensoviel, ebensosehr
22. Ti	22. little	22. Pequeño, menor	22. petit	22. klein
23. tonbe	23. To fall	23. caer	23. Tomber	23. fallen
24. wè	24. To see	24. ver	24. Voir	24. sehen
25. wout	25. Road,way	25. Camino, carretera	25. Route	25. der Weg, der Reiseweg
26. yo	26. The (plural)	26. Los, las	26. Les	26. die
27. yon	27. A, one	27. Un, uno	27. Un, e	27. ein(e)

Douce / Lekti Kreyòl

Glosè Miltileng / Multilingual Glossary / Glosario Multilingüe / Glossaire multilingue / Mehrsprachiges Glossar
Leson 17 - Nan Makèt La

Haitian Creole	English	Spanish	French	German
1. achte	1. To buy	1. comprar	1. Acheter	1. kaufen
2. *adwat	2. On the right	2. A la derecha	2. À droite	2. rechts
3. *agoch	3. On the left	3. A la izquierda	3. À gauche	3. links
4. ale	4. To go	4. ir	4. Aller	4. gehen
5. *an (de *mwen...an*)	5. My (possessive in subject position)	5. Mi (posesivo en posición de sujeto)	5. Mon, ma (possessif en position de sujet)	5. mein(e)
6. anndan	6. In, within	6. En, dentro	6. En, dans	6. in, drinnen
7. anvan	7. before	7. antes	7. Avant	7. vor, gegenüber
8. bwat	8. box	8. caja	8. boite	8. die Schachtel
9. dèyè	9. behind	9. detrás	9. Derrière	9. hinter
10. diri	10. rice	10. arroz	10. Rice	10. der Reis
11. enspekte	11. To inspect	11. inspectar	11. Inspecter	11. besichtigen
12. *fè	12. To go shopping (in the supermarket)	12. Ir de compras (en el supermercado)	12. Aller faire des courses (au supermarché)	12. Einkäufe machen
13. frè	13. Brother	13. hermano	13. Frère	13. der Bruder
14. gade	14. To look	14. mirar	14. Regarder	14. schauen, anblicken
15. Gran	15. Older, bigger	15. mayor	15. Grand,e	15. alt(älter) groß(größer)
16. janbon	16. ham	16. jamón	16. Jambon	16. der Schinken
17. La	17. the	17. el, la	17. le, la	17. das,der,die
18. lèt	18. milk	18. leche	18. Lait	18. der Milch
19. Li	19. She, he, it	19. Ella, él	19. Elle, il	19. Sie, er, es
20. mache	20. To walk	20. Andar, caminar (AmL)	20. Marcher	20. zu Fuß gehen
21. makèt	21. supermarket	21. supermercado	21. supermarché	21. der Supermarket
22. manyen	22. To touch	22. tocar	22. Toucher	22. anstoßen

Douce / Lekti Kreyòl

Glosè Miltileng/Multilingual Glossary/ Glosario Multilingüe/ Glossaire multilingue /Mehrsprachiges Glossar				
Leson 17 - Nan Makèt La (2èm pati)				
Haitian Creole	English	Spanish	French	German
1. mayi	1. corn	1. maíz	1. maïs	1. der Mais
2. men	2. but	2. pero	2. Mais	2. aber
3. montadèl	3. mortadella	3. mortadela	3. Mortadelle	3. die Mortadella
4. mwen	4. I, me	4. Yo, me, mi	4. Je, me, moi	4. ich, mich, mir
5. Nan	5. in	5. en	5. Dans	5. in
6. pa	6. not	6. no	6. pas	6. nicht
7. Paske	7. because	7. porque	7. Parce que	7. weil
8. pote	8. To carry	8. llevar	8. Porter	8. tragen
9. pou	9. to	9. para	9. Pour	9. für
10. Poukisa	10. why	10. porqué	10. pourquoi	10. warum
11. poul	11. chicken	11. pollo	11. Poule	11. die Hähne
12. renmen	12. To like	12. gustar	12. Aimer	12. gern haben
13. sache	13. bag	13. bolsa	13. Sachet	13. das Sackchen
14. sandwitch	14. sandwitch	14. Bocadillo, sandwich, emparedado	14. sandwich	14. belegtes Brot, das Brötchen
15. sè	15. sister	15. hermana	15. Soeur	15. die Schwester
16. tcheke	16. To check	16. inspeccionar	16. Inspecter, vérifier	16. besichtigen
17. ti	17. Little, small	17. Pequeño, menor	17. Petit	17. klein, gering
18. tout	18. all	18. Todo,s	18. Tout, tous, toute,s	18. alles, aller, alle
19. vitrin	19. Shop-window	19. Escaparate, vitrina, vidriera	19. vitrine	19. die Vitrine, der Glasschrankdas
20. vyann	20. meat	20. Carne, fimabre (frío)	20. viande	20. das Fleich
21. Yabout	21. Yabout (name)	21. Yabout (nombre)	21. Yabout (nom)	21. Yabout
22. yo	22. The, their, them	22. Los, sus	22. Leur,s, les	22. sie, ihr(e)

Glosè Miltileng/Multilingual Glossary/ Glosario Multilingüe/ Glossaire multilingue /Mehrsprachiges Glossar

Leson 18 - Monte Bisiklèt

Haitian Creole	English	Spanish	French	German
1. anpil	1. many, a lot	1. muchos, as	1. beaucoup	1. viel(e)
2. Anvan	2. before	2. antes	2. Avant	2. vor, gegenüber
3. Apre	3. after	3. despues	3. après	3. nach
4. bagay	4. thing	4. cosa	4. chose	4. die Sache
5. bekàn	5. bicycle	5. bicicleta	5. bicyclette	5. das Fahrrad
6. bisiklèt	6. bicycle	6. bicicleta	6. bicyclette	6. das Fahrrad
7. de	7. two	7. Dos	7. deux	7. zwei
8. dekouraje	8. To discourage	8. Desanimar, desalentar	8. décourager	8. entmutigen, mutlos machen
9. difisil	9. dificult	9. difícil	9. difficile	9. schwer
10. drayvè	10. (bicyclist), driver	10. ciclista	10. cycliste	10. der Radfahrer
11. fè	11. To make	11. hacer	11. Faire	11. machen
12. gwo	12. big	12. grande	12. Grand, gros	12. groß
13. Janm (pajanm)	13. never	13. nunca	13. Jamais	13. Jemals, niemals
14. ka	14. can	14. poder	14. Pouvoir	14. können
15. kapab	15. can	15. poder	15. Pouvoir	15. können
16. kenbe	16. To hold	16. Tener, sujetar	16. Tenir	16. holen, fassen
17. ki	17. who	17. quien	17. Qui	17. wer
18. kite	18. To hold, to keep	18. tener	18. Tenir	18. holen, fassen
19. Konn (konnen)	19. To know	19. Conocer, saber	19. Connaître	19. kennen, wissen
20. kounyeya	20. now	20. ahora	20. Maintenant	20. jetzt
21. kouri	21. To run	21. correr	21. Courir	21. laufen, rennen
22. l' (=li)	22. it	22. Lo, le	22. Le, la	22. es
23. li	23. he	23. él	23. il	23. er
24. Men	24. but	24. pero	24. Mais	24. aber
25. mizè	25. misery	25. miseria	25. Misère	25. das Elend

Douce / Lekti Kreyòl

Glosè Miltileng/Multilingual Glossary/ Glosario Multilingüe/ Glossaire multilingue /Mehrsprachiges Glossar				
Leson 18 - Monte Bisiklèt (2èm pati)				
Haitian Creole	English	Spanish	French	German
1. monte	1. To ride	1. Montar en, ir en, andar en	1. monter	1. steigen(ein, auf)
2. nan	2. the	2. el, la	2. le, la	2. das,der, die
3. Ou	3. you	3. Tu, usted	3. Tu, vous	3. du, Sie,dich,Ihnen
4. pa	4. Not (neg. marker)	4. No (forma negativa)	4. Ne (marqueur négatif)	4. nicht
5. panse	5. To think	5. pensar	5. Penser	5. denken
6. pase	6. To go through	6. pasar	6. Passer	6. durchgehen
7. pedal	7. pedal	7. pedal	7. Pedal	7. das Pedal
8. pèsonn	8. Nobody, no-one	8. nadie	8. Personne	8. niemand
9. pi	9. more	9. más	9. plus	9. mehr
10. pou	10. to, for	10. por, para	10. Pour	10. für
11. *pran so	11. To fall	11. caer	11. tomber	11. fallen
12. premye	12. first	12. primero	12. Premier	12. erste, erstes, erster
13. pye	13. Foot, feet	13. Pie,s	13. Pied,s	13. der Fuß, die Füße
14. renmen	14. To love, to like	14. Amar, gustar	14. Aimer	14. lieben, gern haben
15. sa	15. This, that	15. Este, a	15. cela	15. das
16. san	16. without	16. sin	16. sans	16. ohne
17. se	17. It is	17. es	17. C'est	17. das ist, es ist
18. so	18. fall	18. caída	18. chute	18. der Fall
19. sou	19. on	19. sobre	19. sur	19. auf
20. tan	20. time	20. tiempo	20. temps	20. die Zeit
21. te	21. past marker	21. tiempo pasado	21. Marqueur du passé	21. Das Präteritum/perf.
22. Tijan	22. Tijan (name:little John)	22. Tijan (nombre: Juanito)	22. Tijan (nom: Petit Jean)	22. Tijan (klein Johannes)
23. tonbe	23. To fall	23. caer	23. Tomber	23. fallen
24. tou	24. too, also	24. también	24. Aussi, également	24. Auch, ebenfalls
25. wou	25. wheel	25. rueda	25. roue	25. das Rad
26. yon	26. a, an	26. un, uno	26. Un, une	26. ein(e)

Douce / Lekti Kreyòl

Glosè Miltileng/Multilingual Glossary/ Glosario Multilingüe/ Glossaire multilingue /Mehrsprachiges Glossar
Leson 19 - Nan Mache

Haitian Creole	English	Spanish	French	German
1. a	1. the	1. el, la	1. le, la	1. das, der, die
2. achtè	2. buyer	2. Comprador, a	2. Acheteur, se	2. der/die Käufer(in)
3. achte	3. To buy	3. comprar	3. Acheter	3. kaufen
4. anpil	4. Much, many, a lot	4. Mucho, s	4. Beaucoup	4. viel(e)
5. ansanm	5. together	5. Juntos, as	5. ensemble	5. zusammen
6. ap	6. progressive marker	6. forma progresiva	6. forme progressive	6. gerade
7. apye	7. On foot	7. A pie, andando, caminando LAm	7. À pied	7. zu Fuß
8. bagay	8. thing	8. cosa	8. chose	8. die Sache
9. bannann	9. plantain	9. Llantén, plátano LAm	9. Plantain, banane plantain	9. die Banane
10. bèl	10. Beautiful, good looking	10. Hermoso, a bello, a lindo, a (esp. LAm)	10. Beau, bel, joli	10. schön(e)
11. *Bèt (sou bèt)	11. On horse/mule/donkey/back,	11. A caballo, a burro, a mulo	11. À cheval (mulet, âne)	11. zu Pferde (auf dem Maultier/ Esel)
12. ble	12. wheat	12. trigo	12. blé	12. das Getreide/Korn
13. bon	13. good	13. Buen, o, a	13. Bon, ne	13. gut(e)
14. bouk	14. village	14. pueblo	14. bourg	14. das Burg
15. *Byen + adjective	15. Quite + adjective	15. Totalmente, completamente, bastante	15. Tout-à-fait	15. ganz und gar, gänzlich, völlig
16. chalè	16. heat	16. calor	16. Chaleur	16. die (Wärme, Hitze)
17. diri	17. rice	17. arroz	17. Riz	17. der Reis
18. ekt...	18. Ect...	18. Ect...	18. Ect...	18. und so weiter
19. fre	19. fresh	19. Fresco, a	19. Frais, fraîche	19. kühl
20. Fwi	20. Fruit(s)	20. Fruto,s	20. Fruits	20. Obst
21. gen	21. There is/are	21. hay	21. Il y a	21. es gibt
22. Genyen	22. There is/are	22. hay	22. Il y a	22. es gibt
23. grandi	23. To grow	23. crecer	23. Grandir	23. wachsen
24. kè	24. heart	24. corazón	24. Coeur	24. das Herz
25. kenèp	25. quenip, quenipe	25. limoncillo, mamoncillo	25. quenette	25. Kenäp

Douce / Lekti Kreyòl

Glosè Miltileng/Multilingual Glossary/ Glosario Multilingüe/ Glossaire multilingue /Mehrsprachiges Glossar
Leson 19 - Nan Mache (2èm pati)

Haitian Creole	English	Spanish	French	German
1. ki	1. Who, That, which	1. Quien, es, que	1. qui	1. wer
2. legim	2. vegetables	2. legumbres	2. légumes	2. die Gemüse
3. li	3. he, it	3. él	3. lui, elle	3. Ihn, ihm, sie
4. lòt	4. Other(s)	4. Otro(s)	4. Autre(s)	4. andere
5. machann	5. merchant	5. Detallista, comerciante, minorista	5. Marchand,e	5. der Kaufmann, der Gschäftsmann
6. mache	6. market	6. mercado	6. marché	6. der Markt
7. mango	7. mango	7. Mango(oes)	7. Mangue(s)	7. der Mango
8. mayi	8. corn	8. maíz	8. maïs	8. der Mais
9. Men	9. but	9. pero	9. mais	9. aber
10. mete	10. To put	10. poner	10. mettre	10. legen, setzen, stellen
11. nan	11. In, within	11. En, dentro	11. Dans, en	11. in, darin
12. nou	12. we	12. nosotros	12. nous	12. wir
13. oubyen	13. or	13. O, u, ó	13. Ou, oubien	13. oder, oder auch
14. paran	14. parents	14. padres	14. Parents	14. die Eltern/Verwandte
15. patat	15. Sweet potato	15. batata	15. patate	15. die Patate
16. pitimi	16. Millet, (bird)seed, sorghum	16. Mijo, sorgo	16. Millet, petit-mil, sorgo	16. die Hirse, das Sorgho
17. plas	17. place	17. lugar	17. Lieu, place	17. der ort, der Platz
18. pou	18. to, for	18. por, para	18. Pour	18. für
19. Pratik	19. Customer(s)	19. cliente	19. client	19. Der Kunde die Kundin
20. rasanble	20. To gather	20. Reunir, juntar	20. Se réunir, se rassembler	20. Zusammen kommen
21. renmen	21. To love, like	21. Amar, gustar	21. Aimer	21. lieben, gern haben
22. reyini	22. To gather	22. Reunir, juntar	22. Se réunir, se rassembler	22. sich versammeln, sich treffen
3. *santi bon	3. To smell good	3. Oler bien	23.Sentir bon	23.gut riechen
4. sapoti	4. sapotilla	4. sapotilla	24.sapotille	24.die Sapotille
5. se	5. It is	5. es	25.C'est	25.das ist, es ist

Douce / Lekti Kreyòl

Glosè Miltileng/Multilingual Glossary/ Glosario Multilingüe/ Glossaire multilingue /Mehrsprachiges Glossar

Leson 19 - Nan Mache (3èm pati)

Haitian Creole	English	Spanish	French	German
1. sereyal	1. cereal	1. cereal	1. céréale, grain	1. das Getreide
2. siwèl	2. plum	2. ciruela	2. prune	2. der Plum
3. sou	3. on	3. sobre	3. sur	3. auf
4. *sou bèt	4. On horse/donkey/mule back	4. a caballo	4. à cheval	4. zu Pferde, auf dem Esel, auf dem Maultier
5. tankou	5. like	5. como	5. Comme, tel,le	5. wie, als, solche(s,r)
6. te	6. past marker	6. tiempo pasado	6. marqueur du passé	6. das/Präteritum/Perfekt
7. tou	7. too, also	7. también	7. aussi, également	7. auch
8. tout	8. all	8. todo, todos, as	8. tout,e, tous	8. alle(es,er)
9. vann	9. To sell	9. vender	9. vendre	9. einkaufen
10. vin =vini	10. To come	10. venir	10. venir	10. kommen
11. viv	11. starchy vegetable	11. Vegetales Con fécula	11. féculent	11. die Verpflegung, der Mundvorrat
12. vyann	12. meat	12. carne	12. viande	12. das Fleich
13. yanm	13. yam	13. ñame	13. igname	13. die Jamswurtzel
14. yo	14. the (plural), They, our	14. Los, las, Ellos, ellas, Nuestros, as	14. les, Ils, elles, nos	14. die, sie unser(e)
15. yon	15. a, an	15. un, uno	15. un,e	15. ein(e)
16. zaboka	16. avocado	16. aguacate	16. avocat	16. der Avokat
17. zoranj	17. orange	17. naranja	17. orange	17. die Apfelsine, die Orange

Douce / Lekti Kreyòl

Glosè Miltileng/Multilingual Glossary/ Glosario Multilingüe/ Glossaire multilingue /Mehrsprachiges Glossar

Leson 20 - Pran Taptap

Haitian Creole	English	Spanish	French	German
1. a	1. the	1. el	1. le	1. das, der, die
2. ala…	2. what a…!	2. !Qué…(tan….)!	2. Quel(le)…!	2. Was für ein…
3. anpil	3. many, a lot	3. muchos, as	3. beaucoup	3. viel (e)
4. antre	4. Enter, get on/in	4. entrar	4. Entrer, monter	4. eingeben
5. bije	5. obligated	5. obligado	5. obligé	5. verpflichtet
6. bon	6. good	6. buen, bueno	6. Bon	6. gut(e)
7. chaje	7. loaded	7. cargado	7. chargé	7. laden
8. chita	8. sit down	8. sentarse	8. s'asseoir	8. sich setzen
9. D Ayiti	9. (of) Haiti	9. (de) Haití	9. D'Haiti	9. von Haiti
10. D Ayiti	10. of Haiti	10. De Haití	10. D'Haiti	10. von Haiti
11. egoyis	11. selfish	11. egoísta	11. égoiste	11. egoistisch
12. èske	12. Question marker	12. marcador de pregunta	12. Est-ce-que…?	12. Ist…
13. frape	13. to hit	13. pegar, golpear, afectar	13. frapper	13. schlagen
14. fwa	14. time	14. vez	14. fois	14. Mal (ein, zwei etc.)
15. gade	15. to look	15. mirar	15. regarder	15. schauen, anblicken
16. gen	16. there is/are	16. hay	16. Il y a	16. es gibt
17. gonfle	17. to swell, grow (group)	17. aumentar, crecer (grupo)	17. Gonfler, augmenter	17. wachsen
18. goumen	18. to fight	18. luchar, pelear	18. lutter	18. ringen, käpfen
19. gwo	19. big, huge	19. gran, grande	19. grand, gros	19. groß
20. ka	20. can	20. poder	20. pouvoir	20. können
21. kèk	21. some	21. alguno, as	21. quelques	21. einige
22. kò	22. body	22. cuerpo	22. corps	22. Körper
23. konnen	23. to know	23. saber, conocer	23. connaître, savoir	23. können, wissen
24. kwen	24. corner	24. ángulo, esquina, rincón	24. coin	24. die Ecke

Douce / Lekti Kreyòl

Glosè Miltileng/Multilingual Glossary/ Glosario Multilingüe/ Glossaire multilingue /Mehrsprachiges Glossar				
Leson 20 - Pran Taptap (2èm pati)				
Haitian Creole	**English**	**Spanish**	**French**	**German**
1. kwense	1. To corner	1. Acorralar, arrinconar	1. coincer	1. Zu jammen, drücken
2. la	2. there	2. Ahí, allí, allá	2. là	2. dort
3. lavi	3. life	3. vida	3. vie	3. Leben
4. lè	4. when	4. Cuando	4. Quand, lorsque	4. wann
5. long	5. long (way)	5. largo	5. Long, longue	5. lang
6. lòt	6. others	6. Otros, as	6. Les autres	6. Adere(er, res
7. Men…	7. there comes…	7. Aqui viene…	7. Voici…	7. da kommt…
8. moun	8. people	8. Gente, personas	8. Gens, personnes	8. Leute
9. peyi	9. country	9. país	9. pays	9. das Land
10. pran	10. take	10. tomar	10. Prendre	10. nehmen
11. se	11. it's, it is	11. Es	11. C'est	11. es ist
12. yon	12. a, an	12. un, uno	12. Un, une	12. ein
13. nan	13. in	13. en	13. Dans	13. in
14. oubyen	14. or	14. O, u, ó	14. Ou, oubien	14. oder
15. pa	15. not (neg. marker)	15. No (forma negativa)	15. Ne (marqueur négatif)	15. nicht
16. pafwa	16. sometimes	16. a veces	16. parfois	16. manchmal
17. peyi	17. country	17. país	17. Pays	17. Land
18. plas	18. seat, place	18. Sitio, lugar	18. place	18. Platz
19. pou	19. to, in order to	19. Para, a fin de	19. Pour, afin de	19. Für, um
20. pral	20. Future marker (abbr)	20. Tiempo futuro (abbr)	20. Temps future (abbr)	20. werden ,werde
21. pran	21. take	21. tomar	21. Prendre	21. nehmen
22. rale	22. to pull	22. Halar, tirar	22. tirer	22. ziehen
23. rive	23. arrive, get to	23. Llegar, arribar (Lam)	23. arriver	23. ankommen
24. Sa…yo	24. these, those	24. estos, as, esos, as	24. ces	24. diese
25. san	25. without	25. sin	25. Sans	25. ohne

Douce / Lekti Kreyòl

Glosè Miltileng/Multilingual Glossary/ Glosario Multilingüe/ Glossaire multilingue /Mehrsprachiges Glossar
Leson 20 - Pran Taptap (3èm pati)

Haitian Creole	English	Spanish	French	German
1. se	1. be	1. ser	1. être	1. sein
2. sòti	2. out (from to pull out)	2. afuera (de tirar/halar afuera)	2. sortir (de faire sortir)	2. herausbringen
3. sou	3. on	3. encima de, sobre	3. sur, en dessus de	3. auf
4. taptap	4. pick up truck taxi	4. furgoneta, camioneta taxi	4. camionette taxi	4. Taxi-Van
5. tèt	5. head	5. cabeza	5. tête	5. der Kopf, der Geist
6. *tèt chaje	6. trouble	6. lío, apuro, aprieto	6. difficultés, trouble, problème	6. Schwierigkeiten, Ärger, Problem
7. ti	7. little, small, narrow	7. pequeño, chico (lam), estrecho, angosto	7. petit, peu spacieux	7. klein, nicht sehr geräumig
8. tou	8. also, too	8. también	8. aussi, également	8. auch
9. tout	9. all	9. todo(s), toda(s)	9. tout, tous, toutes	9. alle
10. trajè	10. trip, journey	10. viaje, trayecto, tramo (lam)	10. trajet, voyage	10. Autofahrt, Reise
11. viv	11. to live	11. vivir	11. vivre	11. leben
12. wout	12. road	12. camino	12. route	12. der Weg, der Reiseweg
13. y ap	13. see 'yo and ap'	13. ver 'yo y ap'	13. voir 'yo et ap'	13. siehe 'yo and ap'
14. yo	14. they, plural marker	14. ellos, as, forma plural	14. ils, elles, forme plurielle	14. die
15. yon	15. a, an	15. un, uno	15. un, une	15. ein
16. youn	16. a, an, one	16. un, uno	16. un, une	16. ein

Douce / Lekti Kreyòl

Glosè Miltileng/Multilingual Glossary/ Glosario Multilingüe/ Glossaire multilingue /Mehrsprachiges Glossar
Leson 21 - Ale Nan Lanmè

Haitian Creole	English	Spanish	French	German
1. ak	1. and, with	1. y, e, con	1. et, avec	1. und, mit
2. ale	2. to go	2. ir	2. aller	2. gehen
3. anbake	3. to embark	3. emprender, embarcarse (naut, aer)	3. embarquer, entreprendre	3. einschiffen, verpflichten
4. ap	4. progressive marker	4. forma progresiva	4. forme progressive	4. progressive Form
5. bagay	5. thing	5. cosa	5. chose	5. Sache
6. bay	6. give	6. dar	6. donner	6. geben
7. bèl	7. beautiful, nice	7. hermoso,a, bello,a	7. beau, belle, joli,e	7. schön, schön, hübsch, e
8. benyen	8. to bathe, to take a bath, to swim	8. bañarse	8. se baigner, nager	8. baden, schwimmen
9. bezwen	9. to need	9. necesitar	9. avoir besoin de	9. brauchen
10. bon	10. good	10. buen, bueno	10. bon	10. gut
11. chaloup	11. rowboat, rowing boat (brit)	11. barca de remos, bote de remos	11. chaloupe	11. Boot
12. chanm	12. (inner) tube	12. cámara, llanta (lam)	12. chambre à air	12. Luftkammer
13. deja	13. already	13. ya	13. déjà	13. bereits
14. demen	14. tomorrow	14. mañana	14. demain	14. morgen
15. depi	15. since	15. desde	15. depuis	15. von
16. deside	16. to decide	16. decidir, decidirse	16. decider, se décider	16. sich entscheiden, sich entscheiden
17. dimanch	17. sunday	17. domingo	17. dimanche	17. Sonntag
18. dlo	18. water	18. agua	18. eau	18. Wasser
19. fini	19. to finish	19. terminar,	19. finir, terminer	19. fertig, fertig
20. *fòk	20. must	20. deber	20. devoir	20. Pflicht
21. gen	21. there is/are, have	21. hay, tener	21. il y'a, avoir	21. da ist, habe
22. granmoun	22. adult	22. adulto(s), as	22. adulte(s)	22. Erwachsene (n)
23. jan	23. kind	23. tipo	23. genre	23. Art
24. jou	24. day	24. día	24. jour	24. Tag
25. *kalinda (bay)	25. exhibiting	25. demostrando	25. demonstration, exhibition	25. Demonstration, Ausstellung

Glosè Miltileng/Multilingual Glossary/ Glosario Multilingüe/ Glossaire multilingue /Mehrsprachiges Glossar				
Leson 21 - Ale Nan Lanmè (2èm pati)				
Haitian Creole	English	Spanish	French	German
1. ki	1. who, that	1. quien, que	1. qui	1. die, wer
2. kò	2. body	2. cuerpo	2. corps	2. Körper
3. kou	3. as soon as	3. en cuanto, tan pronto como	3. aussitôt que	3. sobald wie
4. lakay	4. home	4. casa (a, de, en casa)	4. chez soi	4. zu hause
5. lanmè	5. sea	5. mar	5. mer	5. Meer
6. lè	6. when	6. cuando	6. quand, lorsque	6. wann wann
7. li	7. it, its	7. se, su	7. il, elle, son, sa	7. er, sie, sein, sein
8. mache	8. walk	8. andar, caminar	8. marcher	8. gehen
9. machin	9. car,	9. coche, carro	9. voiture	9. Auto
10. madanm	10. wife	10. esposa, mujer	10. femme, épouse	10. Frau, Frau
11. malerezman	11. unfortunately	11. desgraciadamente, por desgracia, lamentablemente	11. malheureusement	11. leider
12. *menm jan	12. same, likewise, same way	12. asimismo, igualmente, también, lo mismo	12. de même	12. so auch
13. monte	13. to get on, to go up	13. subir	13. monter	13. auf…steigen
14. moun	14. people, person	14. personas, gente, persona	14. personne	14. Person
15. naje	15. to swim	15. nadar	15. nager	15. schwimmen
16. nan	16. in	16. en, dentro	16. dans	16. in
17. ni	17. neither	17. ni	17. ni	17. oder
18. plaj	18. beach	18. playa	18. plage	18. Strand
19. Pòl	19. Paul	19. Pablo	19. Paul	19. Paul
20. pou	20. to, for	20. por, para	20. pour	20. für
21. pral	21. future marker (abbr)	21. tiempo futuro (abbr)	21. temps future (abbr)	21. zukünftige Zeit (abbr)
22. pran	22. to take	22. tomar	22. prendre	22. nehmen
23. rive	23. to arrive	23. llegar, arribar	23. arriver	23. ankommen
24. sab	24. sand	24. arena	24. sable	24. Sand
25. samdi	25. saturday	25. sábado	25. samedi	25. Samstag
26. naje	26. to swim	26. nadar	26. nager	26. schwimmen

Glosè Miltileng/Multilingual Glossary/ Glosario Multilingüe/ Glossaire multilingue /Mehrsprachiges Glossar
Leson 21 - Ale Nan Lanmè (3èm pati)

Haitian Creole	English	Spanish	French	German
1. se	1. be, (it)	1. ser, (el, ella)	1. être	1. sein
2. semèn	2. week	2. semana	2. semaine	2. Woche
3. sou	3. on	3. sobre, en	3. sur	3. auf
4. swa	4. night	4. noche	4. soir	4. Abend
5. tan (te gen tan gen)	5. there was already	5. ya había	5. il y avait déjà	5. gab es schon
6. tranpe	6. to dip in, to soak	6. empapar, sumergir, bañar	6. se tremper	6. einweichen
7. te	7. past marker	7. tiempo pasado	7. marqueur du passé	7. vergangene Markierung
8. ti	8. little, small	8. pequeño	8. petit	8. klein
9. tounen	9. to return, go back	9. regresar, volver	9. retourner	9. zurückkehren, zurück zu gehen
10. tout	10. all	10. todo, todos, as	10. tout,e, tous	10. alle e alle
11. *vale (bon valè)	11. good many, a lot	11. muchos, as, gran cantidad	11. beaucoup, une grande quantité	11. viel, viel
12. vandredi	12. Friday	12. viernes	12. vendredi	12. Freitag
13. vwazen	13. neighbor	13. vecino,a	13. voisin,e	13. Nachbar, th
14. wout	14. road,way	14. camino, carretera	14. route	14. Straße
15. yo	15. they, the (plural), their, them	15. los, sus	15. leur,s, les	15. ihre, s, ihnen
16. yon	16. a, an	16. un, uno	16. un, une	16. eins

Douce / Lekti Kreyòl

Glosè Miltileng/Multilingual Glossary/ Glosario Multilingüe/ Glossaire multilingue /Mehrsprachiges Glossar
Leson 22 - Vwayaje Lòtbò Dlo

Haitian Creole	English	Spanish	French	German
1. a	1. the	1. el	1. le	1. die
2. ak	2. ak	2. and, With	2. et, avec	2. und, mit
3. an	3. the	3. el	3. le	3. die
4. anbake	4. To embark	4. Emprender, embarcarse (Naut, Aer)	4. Embarquer, entreprendre	4. Begeben Sie sich, verpflichten Sie sich
5. anpil	5. many, a lot	5. muchos, as	5. beaucoup	5. viele
6. antre	6. Enter, get on/in	6. entrar	6. Entrer, monter	6. Eintreten, klettern
7. Apre	7. after	7. despues	7. après	7. nach
8. avyon	8. airplane	8. avión	8. avion	8. Flugzeug
9. ayewopò	9. Airport	9. aeropuerto	9. aéroport	9. Flughafen
10. bèl	10. beautiful, nice	10. Hermoso,a, bello,a	10. Beau, belle, joli,e	10. Schön, schön, hübsch, e
11. demach	11. step	11. paso	11. démarche	11. Gang
12. dènye	12. last	12. Ultimo (a)	12. Dernier, dernière	12. Letzte, letzte
13. Dlo	13. water	13. agua	13. Eau	13. Wasser
14. enspeksyon	14. Inspection	14. inspección	14. inspection	14. Inspektion
15. epi	15. then	15. entonces	15. alors, puis	15. also dann
16. fè	16. do, make	16. hacer	16. faire	16. make
17. fin = fini	17. finish, finished	17. terminar, acabar	17. terminer, finir	17. fertig, fertig
18. gen	18. to have	18. tener	18. avoir	18. haben
19. gwo	19. big	19. Grande, corpulento	19. gros	19. groß
20. imigrasyon	20. immigration	20. inmigración	20. immigration	20. Einwanderung
21. jwenn	21. find	21. encontrar	21. trouver	21. finden
22. Kanada	22. Canada	22. Canadá	22. Canada	22. Kanada
23. kapab	23. can, be able, able	23. ser capaz de, poder	23. être capable de, pouvoir	23. fähig sein zu können
24. ki	24. who	24. quien	24. Qui	24. die
25. kòb	25. money	25. dinero	25. argent	25. Geld
26. konsa	26. likewise, this way	26. Asimismo, igualmente, también	26. Aussi, de même	26. Auch ähnlich
27. ladan	27. in, inside	27. en, dentro	27. au-dedans, dedans, dans, en	27. innen, innen, in, in

Glosè Miltileng / Multilingual Glossary / Glosario Multilingüe / Glossaire multilingue / Mehrsprachiges Glossar

Leson 22 - Vwayaje Lòtbò Dlo (2èm pati)

Haitian Creole	English	Spanish	French	German
1. Lafrans	1. France	1. Francia	1. France	1. Frankreich
2. lè	2. when	2. cuando	2. Quand	2. wenn
3. Lè konsa	3. when that happens	3. cuando (este) ocurre, pasa, sucede	3. quand cela arrive	3. wenn das passiert
4. li	4. it, itself	4. él, si mismo	4. lui, lui-même	4. er selbst
5. liy	5. lign	5. linea	5. ligne	5. Linie
6. lòt	6. other(s)	6. otro(a), otro(a)s	6. autre(s)	6. andere (n)
7. lòtbò dlo	7. outside the country	7. fuera del país	7. en dehors du pays	7. außerhalb des Landes
8. mande	8. ask	8. pedir	8. demander	8. fragen
9. moman	9. moment	9. momento	9. moment	9. Zeit
10. moun	10. people	10. personas, gente	10. gens, personnes	10. Leute, Leute
11. nan	11. in	11. en	11. dans	11. in
12. nòmal	12. normal	12. normal	12. Normal(e)	12. Normal (e)
13. opalè	13. speaker	13. Altavoz m, altoparlante Lam, bafles mpl, parlantes mpl	13. Haut-parleur	13. Lautspreher
14. ou	14. you	14. Tu, usted	14. Tu, vous	14. Du, du
15. Ozetazini	15. United States	15. Estados Unidos	15. États Unis	15. Vereinigten Staaten
16. pa	16. Not (neg. marker)	16. No (forma negativa)	16. Ne (marqueur négatif)	16. nicht (negativer Marker)
17. Pafwa	17. sometimes	17. A veces	17. Parfois	17. manchmal
18. pasaje	18. passenger	18. Pasajero, a	18. Voyageur, -euse, passager, -ère	18. Reisender, Passagier
19. pase (plis---pase)	19. more---than	19. más ---- que	19. plus --- que	19. mehr --- als
20. paspò	20. passport	20. pasaporte	20. passeport	20. Reisepass
21. peze	21. weigh	21. pesar	21. peser	21. wiegen
22. pi (+ adjektif = sipèlatif)	22. most (superlative)	22. el más (superlativo)	22. le plus (superlatif)	22. das meiste (superlativ)
23. plas	23. place, seat, room, space	23. Plaza, sitio	23. Place, siège	23. Platz, Sitz
24. nòmal	24. normal	24. normal	24. Normal(e)	24. Normal (e)

Glosè Miltileng/Multilingual Glossary/ Glosario Multilingüe/ Glossaire multilingue /Mehrsprachiges Glossar

Leson 22 - Vwayaje Lòtbò Dlo (3èm pati)

Haitian Creole	English	Spanish	French	German
1. plis	1. more	1. más	1. plus de	1. vorbei
2. pou	2. for, to	2. por, para	2. pour	2. für
3. pral	3. future marker	3. tiempo futuro	3. temps futur	3. zukünftige Zeit
4. pran	4. to take	4. tomar	4. prendre	4. nehmen
5. pwa	5. weight	5. peso	5. poids	5. Gewicht
6. rantre	6. Enter, go in	6. entrar	6. entrer	6. eingeben
7. rezèvasyon	7. reservation	7. reservación	7. réservation	7. Buchung
8. rive	8. to arrive, to get to	8. llegar, arribar (lam)	8. arriver	8. get
9. Sa (apre sa)	9. That (after that)	9. Eso (despues de eso)	9. cela, ça (après cela)	9. das, das (danach)
10. sanble	10. Look alike, to be alike	10. parecerse	10. Se ressembler, être semblables	10. Gleich sein, gleich sein
11. se	11. it's	11. es	11. c'est	11. dies ist
12. si	12. if	12. si	12. si	12. wenn
13. sou	13. on	13. sobre	13. sur	13. auf
14. Stannbay (sou stannbay)	14. Stand by	14. Estar preparado (a), estar listo (a)	14. Être, se tenir prêt	14. Sei, steh bereit
15. Swa	15. Either…	15. o…	15. Soit…	15. Entweder …
16. tchèk	16. checking, control	16. control, inspección, chequeo	16. contrôle, vérification	16. Kontrolle, Überprüfung
17. tcheke	17. Check, control	17. Controlar, revisar	17. Vérifier, controler	17. Prüfen, kontrollieren
18. Ti kòb	18. a little money	18. un poco de dinero	18. petite somme	18. kleine Summe
19. tout	19. all	19. todo, todos, as	19. tout,e, tous	19. alle e alle
20. tout moun	20. everybody	20. Todos, as, todo el mundo	20. Tous, toutes, tout le monde	20. Jeder, jeder
21. viza	21. visa	21. Visado, visa (LAm)	21. visa	21. Visum
22. vwayaje	22. To travel	22. Viajar, viajar por, recorrer	22. voyager	22. Reise
23. yo	23. they	23. ellos,as	23. ils, elles	23. sie sie
24. yo	24. The, their, them	24. Los, sus	24. Leur,s, les	24. Ihre, s, ihnen
25. yon	25. a, an	25. un, uno	25. un, une	25. ein, eins
26. youn	26. one, a	26. uno, un	26. un	26. eins
27. zefè	27. Things, clothes, luggage	27. Cosas, ropa, equipaje	27. effets	27. Effekte
28. zòn	28. area	28. Zona, región, área	28. Region, territoire, zone	28. Region, Gebiet, Fläche
29. zwazo	29. bird	29. ave, pájaro	29. oiseau	29. Vogel

Douce / Lekti Kreyòl

Glosè Miltileng/Multilingual Glossary/ Glosario Multilingüe/ Glossaire multilingue /Mehrsprachiges Glossar
Leson 23 – Yon timoun fèt

Haitian Creole	English	Spanish	French	German
1. yon, on	1. a, an	1. un, o, a	1. un, une	1. eins eins
2. afeksyon	2. affection, fondness	2. afecto, cariño	2. affection, tendresse	2. Zuneigung, Zärtlichkeit
3. ak	3. with	3. con	3. avec	3. mit
4. Anita	4. Anita	4. Anita	4. Anita	4. Anita
5. anmore	5. lover	5. Amante, enamorado, a	5. Amant, amoureux	5. Liebhaber, Liebhaber
6. anpil	6. a lot, much, many	6. mucho, s, as	6. beaucoup	6. viele
7. ap	7. progressive marker	7. forma progresiva	7. forme progressive	7. progressive Form
8. Apèn	8. as soon as	8. en cuanto, tan pronto como, apenas (LAm),	8. dès que, aussitôt que, à peine	8. sobald wie kaum
9. bebe	9. baby	9. Bebé, bebe, a (Arg.), guagua, nene, niño, a	9. bébé	9. Baby
10. bèso	10. Cradle, crib	10. Pesebre (infant), cuna (toddler)	10. berceau	10. Wiege
11. bon	11. good	11. buen, o	11. bon, bonne	11. gut
12. bon (yon bon ti tan)	12. (quite some time)	12. (bastante tiempo)	12. Assez longtemps	12. Lang genug
13. Bondye	13. God (Good God)	13. Dios (Bueno Dios)	13. Dieu (Bon Dieu)	13. Gott (guter Gott)
14. de	14. two	14. dos	14. deux	14. zwei
15. deja	15. already	15. ya	15. déjà	15. bereits
16. demen	16. tomorrow	16. mañana	16. Demain	16. morgen
17. depi	17. since, for	17. desde, por	17. depuis	17. von
18. fèk	18. just (happening)	18. Acabar de	18. Venir de	18. Kommen aus
19. Felòm	19. Felòm (male name)	19. Felòm (nombre de hombre)	19. Felòm (nom d'homme)	19. Felòm (männlicher Name)
20. fèt	20. born	20. nacido, a	20. né, e	20. geboren
21. Gade	21. to look	21. mirar	21. regarder	21. aussehen
22. gen	22. There is/are	22. hay	22. Il y a	22. Gibt es
23. jwenn	23. find	23. encontrar	23. trouver	23. finden
24. k ap	24. Who/that is/are (+progressive form)	24. Quien/que está (+ forma progresiva)	24. Qui (+ forme progressive)	24. Wer (+ progressive Form
25. kè	25. heart	25. corazón	25. Coeur	25. Herz

Douce / Lekti Kreyòl

Glosè Miltileng/Multilingual Glossary/ Glosario Multilingüe/ Glossaire multilingue /Mehrsprachiges Glossar				
Leson 23 – Yon timoun fèt (2èm pati)				
Haitian Creole	English	Spanish	French	German
1. ki	1. Who, That, which	1. Quien, es, que	1. qui	1. die
2. kimoun	2. who	2. quien	2. qlui	2. die
3. kòmanse	3. to begin, start	3. empezar	3. commencer	3. Start
4. konbinezon	4. combination	4. Combinación, mezcla	4. combinaison	4. Kombination
5. konnen	5. know	5. conocer, saber	5. connaître, savoir	5. wissen, wissen
6. Koupe (gade sanble)	6. to cut	6. cortar	6. couper	6. Schnitt
7. kriye	7. to weep, to cry, to yell, to shout	7. llorar. gritar	7. crier, pleurer	7. schreien, weinen
8. la	8. the	8. el	8. le	8. die
9. lanmou	9. love	9. amor	9. amour	9. Liebe
10. li	10. he, she, him, her, it	10. él, ella	10. il, elle	10. er, sie
11. marye	11. to marry	11. casarse	11. se marrier	11. heirate
12. men	12. but	12. pero	12. mais	12. aber
13. mèsi	13. thank you	13. gracias	13. merci	13. danke
14. moun	14. people, person	14. persona, gente	14. personne, gens	14. Person, Leute
15. mwen	15. I, me	15. yo, me	15. je, moi	15. Ich, mich
16. nan	16. in, within	16. en, dentro de	16. en, dans	16. in, in
17. papa	17. Father, daddy	17. Padre, papá	17. Père, papa	17. Vater, Papa
18. piti	18. Little, small	18. Pequeño, a	18. Petit, e	18. Klein, e
19. pitit	19. child	19. Niño, a, hijo, a	19. enfant	19. Kind
20. Resi (Mwen resi…)	20. At last, finally (I am finally a…)	20. Al fin, finalmente (Al fin soy…)	20. Enfin, finallement (Enfin je suis..)	20. Endlich, endlich (Endlich bin ich ..)
21. sa a	21. This one, that one	21. Este mismo, a	21. Celui-ci, celle-là	21. Dieser, dieser
22. Sanble tèt koupe	22. Look alike, to be alike	22. parecerse	22. Se ressembler, être semblables	22. Gleich sein, gleich sein
23. se	23. is	23. es	23. est	23. ist
24. Semèn	24. week	24. semana	24. Semaine	24. Woche
25. soufle	25. To blow, wisthle	25. Soplar, silbar, chiflar (Lam)	25. Souffler, siffler	25. Schlag, Pfeife
26. Tan (yon bon ti tan)	26. Time (quite some time or quite a while)	26. Tiempo (mucho tiempo)	26. Temps (beaucoup de temps)	26. Zeit (viel Zeit)

Douce / Lekti Kreyòl

Glosè Miltileng/Multilingual Glossary/ Glosario Multilingüe/ Glossaire multilingue /Mehrsprachiges Glossar

Leson 23 – Yon timoun fèt (3èm pati)

Haitian Creole	English	Spanish	French	German
1. te	1. Past tense marker	1. Marcador del tiempo pasado	1. Marqueur du temps passé	1. Zeitüberschreitung
2. tèt	2. head	2. Cabeza	2. Tête	2. Kopf
3. ti (yon bon ti tan)	3. (quite some time, or quite a while)	3. (mucho tiempo)	3. (beaucoup de temps)	3. (viel Zeit)
4. Ti (yon ti)	4. Little, some (a little)	4. Pequeño, poco (un poco de)	4. Petit,e (un peu de)	4. Klein, e (ein wenig)
5. Timoun	5. Child, infant, toddler	5. Bebé, Niño, a pequeño, a	5. Petit enfant, bambin, tout-petit	5. Kleines Kind, Kleinkind, Kleinkind
6. tou	6. quite, completely, absolutely	6. Completamente, totalmente	6. Tout-à-fait, absoluement, complètement, totalement	6. Absolut, ganz, ganz, ganz
7. van	7. wind	7. viento	7. Vent	7. Wind
8. vin	8. To become	8. Volverse, ponerse, hacerse	8. devenir	8. werden
9. yo	9. they, plural marker of the definite article	9. ellos, as, forma plural del artículo definido	9. ils, elles, forme plurielle de l'article défini	9. sie, Pluralform des bestimmten Artikels
10. yon	10. a, an	10. un, uno	10. Un, une	10. Eins, eins

Douce / Lekti Kreyòl

Glosè Miltileng/Multilingual Glossary/ Glosario Multilingüe/ Glossaire multilingue /Mehrsprachiges Glossar					
Leson 24 - Yon Ka Lanmò				
Haitian Creole	**English**	**Spanish**	**French**	**German**
1. a	1. the	1. el, la	1. le, la	1. das, der, die
2. ak	2. With	2. con	2. Avec	2. mit
3. Ala + adjektif 4. Ala + atik + non	3. How +adjective 4. What a + noun or adjective…!	3. !Qué + adjetivo)! 4. !Qué…tan)!	3. Que c'est + adjectif…! 4. Quel(le) + nom …!	3. Wie + Adjektiv 4. Was für ein + Nomen oder Adjektiv…!
5. ale	5. to go	5. ir	5. aller	5. gehen
6. an	6. the	6. el, la	6. le, la	6. das, der, die
7. anpil	7. many, a lot	7. muchos, as	7. beaucoup	7. viel(e)
8. Ban (bay devan *mwen* oubyen *nou*	8. Give (+ me, us)	8. Dar (+me, nos)	8. Donne(z) (+moi, nous)	8. Gib (+ mir, uns)
9. bò	9. Near, next to	9. Cerca de, al lado de	9. Près de	9. nahe bei
10. Chak	10. each	10. cada	10. Chaque	10. Jede (er es)
11. dènye	11. last	11. Ultimo, a	11. Dernier, dernière	11. Letzte, letzte
12. di	12. Tell, say to	12. decir	12. Dire	12. sagen, erzählen
13. dwe	13. must	13. deber	13. devoir	13. müssen, dürfen
14. e	14. and	14. y	14. Et	14. und
15. fin	15. to finish	15. terminar	15. finir, terminer	15. beenden, fertig, fertig
16. flanm	16. flame	16. Llama	16. flame	16. Flamme
17. frè	17. brother	17. hermano	17. Frère	17. Bruder
18. fwa	18. time	18. vez	18. Fois	18. Mal (ein, zwei etc.)
19. gran	19. older	19. mayor	19. grand, e	19. alt(älter) groß(größer)
20. granmoun	20. adult, elderly	20. adulto, a, anciano, a	20. adulte, viellard,e, personne agée	20. Erwachsene (n)
21. Iya	21. Iya	21. Iya	21. Iya	21. Iya
22. janm (pajanm)	22. never	22. nunca	22. jamais	22. Jemals, niemals
23. jou	23. day	23. día	23. jour	23. der Tag
24. Ka	24. case	24. caso	24. Cas	24. Fall
25. kafe	25. coffee	25. café	25. Café	25. Kaffee
26. kè	26. heart	corazón	26. Coeur	26. das Hertz

Douce / Lekti Kreyòl

Glosè Miltileng/Multilingual Glossary/ Glosario Multilingüe/ Glossaire multilingue /Mehrsprachiges Glossar
Leson 24 - Yon Ka Lanmò (2èm pati)

Haitian Creole	English	Spanish	French	German
1. kenbe	1. Hold, to babysit	1. Tener, cuidar niños, hacer de canguro Sp.)	1. Tenir, faire du babysitting, garder des enfants	1. halten, babysitten
2. ki	2. who, that	2. quien, que	2. qui	2. wer
3. Klere	3. To shine	3. brillar	3. briller	3. scheinen
4. kò	4. body	4. cuerpo	4. corps	4. Körper
5. konn	5. know, to be used to	5. conocer, saber	5. connaître, savoir	5. können/ wissen
6. la	6. the	6. La, el	6. le	6. das, der, die
7. lakay	7. home	7. en, a casa	7. à la maison	7. Im Hause/ in dem Hause
8. Lanmò	8. death	8. muerte	8. Mort	8. Tod
9. lanmou	9. love	9. amor	9. Amour	9. Liebe
10. lè	10. when	10. cuando	10. quand	10. wann
11. leve	11. wake up, get up	11. despertar, levantarse	11. se lever, réveiller	11. aufstehen
12. li	12. she, he, it	12. ella, él	12. elle, il	12. Sie, er, es
13. limen	13. To shine, to light, tho throw light on	13. Brillar, encender, alumbrar	13. Éclairer, briller	13. scheinen
14. madi	14. Tuesday	14. martes	14. mardi	14. Dienstag
15. malad	15. sick, ill	15. enfermo, a	15. malade	15. krank
16. maladi	16. sickness, illness	16. enfermedad	16. maladie	16. Krankheit
17. manman	17. mother, mom	17. madre, mamá	17. mere, maman	17. die Mutter
18. maten	18. morning	18. mañana	18. matin, matinee	18. Morgen
19. men	19. but	19. pero	19. mas	19. aber, sondern
20. moun	20. people, person	20. gente, persona,s	20. gens, personne,s	20. der volk, die leute
21. mouri	21. to dier	21. morir	21. mourir	21. sterben
22. mwen	22. I, me	22. yo, me, mi	22. je, me, moi	22. ich/mich/mir
23. nan	23. in, within	23. en, dentro	23. en, dans	23. in, drinnen
24. nèt	24. Completely, totally	24. Totalemente, completamente	24. Totalement, complètement, tout-à-fait	24. vollständig, völlig, ganz
25. nou	25. we, you, us	25. nosotros, vosotros, nos	25. nous, vous	25. wir, du, uns
26. ou	26. you	26. tu, usted	26. tu, vous	26. du, ihr, euch, Ihnen

Douce / Lekti Kreyòl

Glosè Miltileng/Multilingual Glossary/ Glosario Multilingüe/ Glossaire multilingue /Mehrsprachiges Glossar
Leson 24 - Yon Ka Lanmò (3èm pati)

Haitian Creole	English	Spanish	French	German
1. pa	1. not	1. no	1. pas	1. nicht (negativer Marker)
2. pale	2. to speak	2. hablar	2. parler	2. sprechen
3. piti	3. little	3. pequeño,a	3. petit,e	3. klein(e)
4. refè	4. healed, recovered	4. recuperado,a, recobrado,a	4. remis (se remettre), guéri, récupéré,e	4. geheilt, erholt
5. renmen	5. love	5. amar	5. aimer	5. Lieben, gern haben
6. rete	6. stay, remain	6. permanecer, quedarse	6. rester	6. bleiben
7. santi	7. to feel	7. sentir	7. sentir, éprouver	7. fühlen
8. se	8. it's	8. es	8. c'est	8. das ist, es ist
9. sèlman	9. only	9. Sólo, solamente	9. seulement	9. nur
10. senyen	10. To bleed	10. sangrar	10. Saigner	10. bluten
11. Si	11. if	11. si	11. Si	11. wenn
12. Sila a	12. This, that	12. este	12. Ce, cette	12. diese,(er,es)
13. sò	13. sister	13. hermana	13. Soeur	13. die Schwester
14. ta	14. ta	14. forma condicional	14. forme conditionelle	14. Konditional (würde)
15. t'ap (te ap)	15. past progressive marker	15. forma progresiva en el pasado	15. forme progressive au passé	15. vorbei an progressiven Markern
16. tas	16. cup	16. taza	16. tasse	16. Tasse
17. te	17. past tense marker	17. marcador del tiempo pasado	17. marqueur du temps passé	17. Zeitüberschreitung
18. ti	18. little	18. pequeño	18. petit	18. Klein (e)
19. timoun	19. child, infant, toddler	19. bebé, niño, a pequeño, a	19. petit enfant, bambin, tout-petit	19. Kleines Kind, Kleinkind
20. tou limen	20. (all) lighted	20. (todo) encendido	20. tout allumé	20. (alle) beleuchtet
21. toujou	21. always	21. siempre	21. Toujours	21. immer
22. tout	22. all	22. todo,s, toda,s	22. tout, tous, toutes	22. alle, alles
23. touye	23. To kill	23. matar	23. Tuer	23. töten
24. tris	24. sad	24. triste	24. triste	24. traurig
25. Vin =vini	25. To come	25. venir	25. Venir	25. kommen
26. voye	26. To send	26. Enviar, mandar	26. envoyer	26. senden
27. vwazinaj	27. neighborhood	27. Vecindad, vecindario	27. voisinage	27. Nachbarschaftv
28. vye	28. old	28. Viejo,a	28. Vieux, vielle	28. alt
29. yon	29. a, an	29. un, uno	29. un, e	29. ein

Douce / Lekti Kreyòl

Glosè Miltileng / Multilingual Glossary / Glosario Multilingüe / Glossaire multilingue / Mehrsprachiges Glossar
Leson 25 - Anbago

Haitian Creole	English	Spanish	French	German
1. anbago	1. embargo	1. embargo	1. embargo	1. das Embargo
2. anndan	2. In, within, inside	2. En, dentro	2. En, dedans	2. in, drinnen
3. Antouka	3. Anyhow, anyway	3. De todo modo, de todas maneras	3. De toute façon, en tout cas	3. Wie auch immer
4. ap	4. progressive marker	4. forma progresiva	4. forme progressive	4. Gerade (progressiver Marker)
5. Ayiti	5. Haiti	5. Haití	5. Haiti	5. Haiti
6. bèl	6. beautiful	6. hermoso,a, lindo,a	6. beau, belle	6. schön(e)
7. bilan	7. toll, assessment, outcome, balance sheet, report	7. balance	7. bilan	7. Bilanz
8. bon	8. good	8. buen,o	8. bon, bonne	8. gut
9. chanje	9. to chanje	9. cambiar	9. changer	9. ändern, verändern
10. debou	10. up, upright, standing	10. de pie, en pie	10. debout	10. stehend
11. depafini	11. dilapidated, impaired, broken	11. destartalado,a, deteriorado,a	11. délabré,e, démantibulé,e	11. zerlegt, baufällig
12. deyò	12. outside	12. fuera, afuera	12. dehors	12. draußen
13. do	13. back	13. espalda	13. Dos	13. Rücken
14. dwe	14. must	14. deber	14. Devoir	14. muss
15. fin	15. finish	15. terminar	15. finir	15. Beenden, fertig, fertig
16. fòme	16. To form	16. formar	16. former	16. bilden
17. gen	17. have	17. tener	17. avoir	17. haben
18. je	18. Eye,s	18. Ojo,s	18. Oeil, yeux	18. Das Auge/die Augen
19. jenerasyon	19. generation	19. generación	19. génération	19. Generation
20. jij	20. judge	20. juez	20. Juge	20. Richter, Richterin
21. jijman	21. judgment	21. juicio	21. Jugement	21. Beurteilung
22. ka	22. can	22. poder	22. Pouvoir	22. können
23. kapital	23. capital	23. capital	23. Capital	23. der Kapital
24. Kè	24. heart	24. corazón	24. Coeur	24. das Hertz
25. kesyon	25. question	25. pregunta	25. Question	25. Frage

Glosè Miltileng/Multilingual Glossary/ Glosario Multilingüe/ Glossaire multilingue /Mehrsprachiges Glossar
Leson 25 - Anbago (2èm pati)

Haitian Creole	English	Spanish	French	German
1. ki	1. who	1. quien	1. Qui	1. wer
2. kòde	2. twisted	2. retorcido	2. Tordu,e	2. verdrehte
3. konsepsyon	3. Conception, concept	3. Concepto, concepción	3. Conception, concept	3. Konzeption
4. konsyans	4. conscience	4. consciencia	4. conscience	4. Gewissen
5. Kote = ki kote	5. where	5. donde	5. Où	5. wo
6. koumanse	6. To begin	6. empezar	6. Commencer	6. anfangen, beginnen
7. kwatchòkò	7. kashiorkor	7. kashiorkor	7. kashiorkor	7. Kwashiorkor
8. la	8. the	8. el, la	8. le, la	8. der, die, das
9. listwa	9. history	9. historia	9. L'histoire	9. Geschichte
10. Lòtbò	10. outside the country	10. fuera del país	10. en dehors du pays	10. Übersee-
11. mazora	11. toothless	11. Desdentado, sin dientes	11. Édenté	11. zahnlos
12. men	12. but	12. pero	12. mais	12. aber
13. menm	13. see "nou menm"	13. ver "nou menm"	13. voir "nou menm"	13. uns selbst
14. metòd	14. method	14. método	14. Method	14. Methode
15. nan	15. in, within	15. en, dentro	15. en, dans, dedans	15. in, drinnen
16. Nou menm	16. we, ourselves	16. nosotros mismos	16. nous mêmes	16. uns selbst
17. nou	17. we, us	17. nosotros	17. nous	17. wir, Sie
18. oubyen	18. or	18. o, u	18. oubien	18. oder
19. pa	19. not	19. no	19. Ne..pas, pas	19. nicht
20. pèl	20. pearl	20. perla	20. Perle	20. Perle
21. peyi	21. country	21. país	21. Pays	21. das Land
22. plenn	22. Groan, moan	22. Gemir, quejarse	22. Geindre, gémir, se lamenter	22. Stöhnen
23. Pote (jijman)	23. to pass judgment	23. Emitir (juicio), dictar (sentencia), hacer (comentario)	23. Porter jugement	23. ein Urteil fällen
24. Pòtoprens	24. Port-au-Prince	24. Puerto Príncipe	24. Port-au-Prince	24. Port-au-Prince
25. pòtre	25. Look like	25. parecer	25. Sembler, paraître	25. Aussehen wie

Glosè Miltileng / Multilingual Glossary / Glosario Multilingüe / Glossaire multilingue / Mehrsprachiges Glossar
Leson 25 - Anbago (3èm pati)

Haitian Creole	English	Spanish	French	German
1. Pou ki = poukisa	1. why	1. porqué	1. pourquoi	1. warum
2. poze	2. Ask (a question)	2. preguntar	2. Poser (une question)	2. eine Frage stellen
3. prale	3. Future tense marker	3. Marcador del Tiempo futuro	3. Marqueur du Temps futur	3. werde, werden, wird
4. pran	4. take	4. tomar	4. Prendre	4. nehmen
5. Sa a	5. This, that	5. Este, ese, esta	5. Cet, cette	5. diese,(er,es)
6. sans	6. sense	6. sentido	6. Sens	6. san
7. Sere (kè)	7. Wrung (to wring) (heart)	7. Oprimido, en un puño (corazón)	7. Serré (cœur)	7. gesunder Menschenverstand
8. Si	8. if	8. si	8. Si	8. wenn
9. soti	9. Come from	9. Venir de	9. Venir de	9. Komme aus
10. sou	10. on	10. Sobre, a cerca de	10. Sur	10. auf
11. soufrans	11. suffering	11. Sufrimiento, dolor	11. Souffrance, douleur	11. das Leiden, die Schwierigkeiten
12. tankou	12. like	12. Como	12. Comme, tel(le) que	12. wie, als, sowie
13. te	13. Past tense marker	13. Marcador del tiempo pasado	13. Marqueur du temps passé	13. Zeitüberschreitung
14. ti	14. Little, simple	14. Pequeño,a, simple	14. Petit,e, simple	14. Klein, e (ein wenig)
15. timoun	15. Child, infant, toddler	15. Bebé, Niño, a pequeño, a	15. Petit enfant, bambin, tout-petit	15. Kleines Kind, Kleinkind
16. trip	16. guts	16. tripas	16. tripes	16. Eingeweide
17. Vin =vini	17. To come	17. venir	17. Venir	17. kommen
18. yon	18. a, an	18. un, uno	18. un, une	18. ein, einer, eine

Douce / Lekti Kreyòl

Kle Repons Aktivite Liv Lekti Kreyòl

1A-Se vre oubyen se pa vre.
1- Mwen te pi renmen elikoptè. **(Se pa vre)**
2-Lè mwen te piti pasyon m se te vole avyon. **(Se vre)**
3-Mwen te pi fanatik elikoptè. **(Se pa vre)**
4-Mwen te etidye nan peyi Almay. **(Se pa vre)**
5-Mwen kontan mwen ka pilote yon avyon. **(Se vre)**

1B-Mete yon vèb nan plas vid yo.
1- Mwen te toujou **pran** tan gade avyon.
2-Elikoptè te **enterese** mwen.
3-Mwen **satisfè** jodiya.
4-Rèv mwen **reyalize** jodiya.
5-Mwen **pase** yon bon ti tan an Bèljik.

1E-Mare definisyon ki koresponn ak mo yo

Avyon — Yon moun ki ap dirije yon avyon.
Fanatik — Kote moun ale pou aprann.
Pilòt — Yon peyi nan Ewòp ki pale franse.
Bèljik — Yon moun ki renmen yon bagay anpil.
Lekòl — Yon aparèy ki vole anlè.

Douce / Lekti Kreyòl

2A-Met vèb ki manke yo nan plas vid yo.
1- Tout enstriman te __koumanse__ jwe.
2-Enstriman yo __bay__ bon son.
3-Gita kou klarinèt t ap **chante**__.
4-Mwen __renmen__ bon son.
5- Li __santi__ li nan syèl.

2B-Se vre oubyen se pa vre.
1- Enstriman yo te pran danse. **(Se pa vre)**
2- Mwen pa te tande amoni. **(Se pa vre)**
3- Enstriman a kòd yo t ap bay bon son. **(Se vre)**
4- Twonpèt yo t ap plenn. **(Se pa vre)**
5- Mwen te santi mwen nan syèl. **(Se vre)**

2E-Men repons, poze kesyon.
1- Mwen renmen klarinèt. **K: Ki enstriman ou renmen?**
2- Mwen pi renmen twonpèt. **K: Ki enstriman ou pi renmen?**
3- Mwen tande yon son twonpèt. **K: Ki son ou tande?**
4- Tout enstriman yo te pran chante. **K : Kisa tout enstriman yo t ap fè ?**
5- Mwen santi mwen nan paradi. **K : Kijan ou santi w ?/Ki kote ou santi w ye ?**

3A-Reponn kesyon sa yo.

1-Ki amizman mwen lè mwen te piti?
R: Lè mwen te piti amizman mwen se te (fè) laglisad.
2-Ki kote mwen menm ak zanmi mwen yo monte?
R: Mwen menm ak zanmi mwen yo nou moute yon sou mòn bò lakay.
3- Kibò mòn nan te ye?
R: Mòn nan te bò lakay.
4-Kisa ki rive lè nou pa pran prekosyon?
R : Lè nou pa pran prekosyon nou konn gen kèk grafonyen.
5- Lè nou grafonyen; li grav?

3B-Chwazi bon repons la dapre lekti a.

1-Lè li te piti li te gen_____amizman.
a)- yon pil **b)- anpil** c)- yon ti kras
2- Genyen yon mòn _____ lakay.
a)- anba **b)- bò** c)- dèyè
3-Nou te _____ sou yon moso katon.
a)-kouche **b)- chita** c)- kanpe
4-____ nou fèmen je nou.
a)-Toujou **b)-Pafwa** c)- Chak jou
5-Pafwa nou konn gen kèk _____.
   a)- grafonyen b)-blese c)-frakti

3E- Reli tèks la mete _nou_ nan plas _mwen_ epi _mwen_ nan plas _nou_ lè sa posib.

Fè Laglisad

Lè **nou** te piti **nou** te gen anpil amizman. Nan tout sa **nou** te konn fè, **nou** sonje laglisad. **Nou** menm ak ti zanmi **nou** yo, **nou** moute sou mòn bò lakay. **Nou** te sèvi ak yon moso katon, **nou** chita sou li epi **nou** leve de pye **nou** anlè. Pafwa **mwen** fèmen je **mwen** m'ap desann. Se te bèl plezi. Men pafwa, lè **mwen** pa pran prekosyon, **mwen** konn gen kèk grafonyen. Men se pa te grav.

Douce / Lekti Kreyòl

4A-Di se vre oubyen se pa vre.
1- Match la koumanse a katrè. **(Se pa vre)**
2- Abit la mete souflèt nan pòch li. **(Se pa vre)**
3- Tout moun pè ti jwè a. **(Se vre)**
4- Gadyen yo pa siveye anyen. **(Se pa vre)**
5- Boul la pase nan mitan zòtèy gadyen an. **(Se pa vre)**

4B-Mete yon vèb nan plas vid yo.
1- Beng ! Twazè **sonnen**_____.
2- Abit la __**soufle**___ souflèt la.
3- Tout jwè foutbòl yo **koumanse**__ fè mouvman.
4- Tout moun pè ti jwè a li tèlman _**trible**__.
5- Ti jwè a _**pase**__ tout moun, li ___**rive**__ devan gadyen an.

4E-Mare ansanm fraz ak mo ki koresponn yo

Abit → Jwèt boul ki reyini plizyè jwè.
Gadyen → Moun ki ap dirije yon match.
Jwè → Tout kote, tribò babò.
toupatou → Moun ki ap jwe nan yon match.
foutbòl → Yon moun ki ap siveye kan.

5A-Mete vèb ki manke a.
1- Tonton mwen __**achte**___ yon bato.
2- Tonton mwen pral __**travay**___ sou li.
3- Yo _**prale**__ fè Jeremi-Pòtoprens ak bato a.
4- Anpil moun _**renmen**___ bato a.
5- Mwen __**di**_ tonton pou li pa _**pote**_ twòp moun.

Douce / Lekti Kreyòl

5B- Se vre oubyen se pa vre?
1-Tonton mwen achte yon vye bato. **(Se pa vre)**
2-Tonton mwen pral bay kèk maren travay sou bato a. **(Se vre)**
3-Bato a pral fè Jeremi-Okay. **(Se pa vre)**
4-Tout moun renmen bato. **(Se vre)**
5-Si bato a pote twòp moun, l'ap koule. **(Se vre)**

5E-Men repons, poze kesyon.
1- Se bato tonton mwen an. **K: Ki bato sa a?/Pou kimoun/kilès/kiyès bato (sa) a ye?**
2- Li fè Pòtoprens-Jeremi. **K: Ki zòn bato a fè?**
3- Yon bato tou nèf. **K: Ki (kalite) bato tonton mwen achte?**
4- Non, yo renmen bato a anpil. **K: Èske yo rayi bato a?**
5- Pou li ka pa koule. **K: Poukisa pou bato a pa pote twòp chay ak moun?**

6A-Reponn kesyon sa yo.
1-Kisa anpil moun renmen fè an Ayiti?
R: Ann Ayiti anpil moun renmen jwe bòlèt.
2-Gen moun ki meprize fanmi yo?
R: Wi, gen moun ki meprize fanmi yo pou yo ka jwe bòlèt.
3- Poukisa anpil moun jwe bòlèt?
R: Paske yo ta renmen rich/gen kòb vit.
4- Yo jwe bòlèt lè yo fè bon rèv?
R: Yo jwe bòlèt ni lè yo fè bon rèv ni lè yo fè move rèv.
5- Èske bòlèt ka pote bonè?
R: Repons lan ap varye. Yon fòm egzanp se:
   Wi, bòlèt ka pote bonè paske......
   Non, bòlèt pa ka pote bonè paske.......

6B-Chwazi mo ki koresponn nan.
1- ____ Moun nan Peyi Dayiti jwe bòlèt.
   a) Kèk   b) Tout   **c) Anpil**
2- Gen moun ki __ fanmi yo pou tèt bòlèt.
 a) adore   **b) meprize**   c) apresye
3- Moun sa yo ta renmen _____ vit.
 a) mouri   b) pòv   **c) rich**.
4- Prèske toupatou nou jwenn yon ____ bòlèt.
 a) biwo   b) boutik   **c) bank**.
5- Yo genyen nan bòlèt _____.
   a) kèk fwa   **b) raman**   c) toujou.

6E-Bay kontrè mo sa yo. Baze sou lekti a.
 Gwo **Piti**   Vit **dousman /lantman**
 Anpil **Ti kras**   Raman **souvan**
 Meprize **apresye**   Kapital **pwovens**
 Renmen **rayi**   Bon **move**
 Rich **pòv**   Bonè **ta**

7A-Se vre oubyen se pa vre?
1- Vakans apèn kòmanse. **(Se pa vre)**
2- Nou sot pran yon mwa repo. **(Se vre)**
3- Nou gen plis fòs ak plis dispozisyon. **(Se vre)**
4- Kliyan yo deside achte nan magazen an ankò. **(Se vre)**
5- Batan pòt nou fèmen pou kominote a. **(Se pa vre)**

Douce / Lekti Kreyòl

7B-Mete yon vèb nan plas vid yo.
1- Nou sot __pran__ yon mwa repo.
2- Madanm mwen ak mwen _**tounen**_ byen fre.
3- Nou __gen__ plis fòs ak dispozisyon.
4- Nou kontan _**rewè**_ tout kliyan yo.
5- Kliyan yo _**deside**_ rekòmanse_ _**achte**_ nan magazen an.

7E-Mare definisyon ak mo ki koresponn yo.
Repo — Enèji oubyen kouraj, puisans
Magazen — Yon gwo kay kote moun achte angwo ou detay.
Kominote — Moun ki abitye achte nan yon magazen ou boutik.
Kliyan — Yon gwoup moun k'ap viv yon kote
Fòs — Pran yon detant, fè yon poze.

8A-Mete vèb ki manke nan plas vid yo.
1- Jounen an **kòmanse fèmen**_ popyè li.
2- A yon ti distans mwen _**wè**_ kèk moun ap **tounen** lakay.
3- Moun yo pa _**mache**_ twò vit.
4- Jounen travay la _**pran**_ fòs moun yo.
5- Firanmezi, yo **disparèt**_ nan fè nwa a.
6- Lannwit syèl la_**boure**_ ak zetwal.
7- Pita petèt nou va _**wè**__ moun.
8- Si nyaj yo pa __**kache**_ lalin nan.

Douce / Lekti Kreyòl

8B-Se vre oubyen se pa vre?
1- Li apèn dezè. **(Se pa vre)**
2- Solèy la koumanse leve. **(Se pa vre)**
3- Mwen wè kèk moun ki ap tounen lakay. **(Se vre)**
4- Moun yo ap disparèt nan labrim diswa. **(Se vre)**
5- Pita si gen lalin nou va wè moun. **(Se vre)**

8E-Men repons, poze kesyon.
1- Li fèk setè.
K: Ki lè li ye?/Ki lè li fèk fè?
2- Yo te vini lè labrim diswa tonbe.
K: Kilè yo te vini?
3- Mwen pa wè yo. Yo disparèt nan fè nwa a.
K: Èske ou wè yo? Sa k pase?
4- Pita syèl la pral boure ak zetwal.
K: Kisa ki pral rive/pase pita.
5- Se nyaj yo ki kache lalin nan.
K: Kisa ki rive/pase lalin nan./ Apa mwen pa wè lalin nan?

9A-Reponn kesyon sa yo.
1- Ki kote pye kenèp la ye?
R: Pye kenèp la bò lakay mwen.
2- Ki kalite kenèp li ye?
R: Li se yon kenèp mal.
3- Kisa moun fè kenèp la?
R: Moun joure kenèp la.
4- Kisa moun nan kay la fè anba pye kenèp la?

R: Moun nan kay la kage chèz (yo) anba pye kenèp la.
5-Kisa ki rive lè labriz diswa ap soufle?
R: Lè labriz diswa ap soufle gen yon bèl mizik ki rive nan zòrèy nou.

9B-Chwazi bon repons la dapre lekti a.
1- _____ lakay gen yon kenèp mal.
 a)- Anba   b)-Dèyè   **c)-Bò**
2-Tout lajounen moun ap _____ kenèp la.
 a)-joure   b)-gade   c)-netwaye
3-Yon kay _____ _____ pye kenèp la resevwa lonbraj.
 a)-anndan   b)-sou kote   **c)-tou pre**
4-Moun ____ chèz yo anba pye bwa a.
 a)-jete   **b)-kage**   c)-apiye
5-Labriz diswa ap____ sou pye bwa a.
 a)-soufle   b)-kriye   c)-pale

9E-Mete tèks la opliryèl.
Pye Kenèp Mal

Bò lakay **nou**, gen pye kenèp. Se kenèp mal. Se tout lajounen moun ap joure pyebwa **yo**. Men poukisa moun ap joure **yo**? **Yo** pajanm fè mal. Ti kay ki tou pre **yo** resevwa bon jan frechè ak lonbraj. Tanzantan moun nan kay **yo** kage chèz **yo** anba pye kenèp **yo**. Lè labriz diswa ap soufle nan mitan fèy yo, gen yon bèl mizik ki rive nan zòrèy nou. Nou pa renmen sa?

Douce / Lekti Kreyòl

10A-Mete yon adjektif nan plas vid yo.
1- Sou latè gen **gwo**_ moun, gen moun **mens**_.
2- Gen moun ki _**dousman/aktif**_____ e ki __**parese/travayan**__.
3- Ann Azi gen moun **fou**_, gen moun _**tèt drèt**_.
4- Moun ki **anraje**_ deraye fasil.
5- Moun fou pale pawòl ki **depaman**_ youn ak lòt.

10B-Mete yon vèb nan plas vid yo.
1- **Gen**_ tout kalite moun sou latè.
2- Moun fou **pale**_ pawòl depaman.
3- Lè yon moun anraje **deraye**_ se pou yo **kenbe** li.
4- Pwovèb la_**di**__ " Tout moun se moun, tout moun pa menm".

10C-Se vre oubyen se pa vre?
1- Sou latè gen moun mens sèlman. **(Se pa vre)**
2- Sou latè gen gwo moun. **(Se vre)**
3-Moun fou di pawòl ki klè kou dlo kòk. **(Se pa vre)**
4-Moun tèt drèt pale pawòl depaman. **(Se pa vre)**
5-Tout moun se moun, men tout moun pa menm. **(Se vre)**

10F-Men repons, poze kesyon.
1- Li di pawòl ki depaman. **K : Ki pawòl li di ?**
2- Lè li deraye. **K : Kilè pou yo kenbe li?**
3- Li di: "tout moun se moun men tout moun pa menm". **K : Kisa li di?**
4- Yo pa renmen travay. **K : (Ki)sa yo pa renmen?**
5- Se lè li di pawòl ki "klè kou dlo kòk". **K: Kilè yon moun tèt drèt/dwat?**

Douce / Lekti Kreyòl

Ekriti Lib oubyen Dirije (Repons lan pral varye dapre abilite e nivo etidyan an nan Kreyòl.)

_____
_____
_____

11A-Reponn kesyon sa yo.
1- Ki moun ki ekri lèt la? Bay ki moun li voye li?
R: Se Bibi ki ekri lèt la. Li voye li bay manman li.
2- Ki sa ki fè otè lèt la kontan?
R: Otè lèt la kontan paske li ap ekri manman li.
3- Otè a renmen maman li? Montre sa.
R: Wi, li renmen manman li anpil. Li di, "Men manman, ou mèt sèten, kè mwen rete tou pre kè ou."/ "Manman cheri".
4- Ki kote manman an ap viv?
R: Manman an ap viv Nouyòk.
5- Maman an gen lòt moun avèk li? Montre sa.
R: Wi, manman an gen lòt moun avèk li. Otè a di, "Ban mwen nouvèl tout lòt moun yo nan Nouyòk?"

Douce / Lekti Kreyòl

11B-Chwazi bon repons la.
1- Bibi ekri yon _____.
a)- woman   **b)-lèt**   c)- liv
2- Bibi ekri avèk _____
 a)-lajwa b)-tristès **c)- lakontantman**
3-Bibi renmen manman li _____.
a)-yon ti kras **b)- anpi**l c)- enpe
4- Bibi _____ pou manman li.
a)- priye b)- panse c)- kalkile
5- Manman Bibi ap viv _____.
a)-Lafrans   **b)-Nouyòk** c)- Kanada

11E-Bay kontrè mo sa yo.
Renmen__**rayi**_____   Toujou _**pajanm**_____
Rache_**plante/soulaje (kè m soulaje)** Lesyèl _**latè**_____
(La)kontantman_**(la)tristès**_____   Sèten _**doute/pa sèten**__
Sonje _**bliye**___

11F-Mete 3 premye fraz tèks la opliryèl.
Se avèk yon gwo lakontantman, **nou** pran plim **nou** pou **nou** ekri **nou**. Sa fè lontan depi nou pa koze. Men **nou** konnen sa fè **nou** tris.

Ekriti Lib oubyen Dirije (Repons lan pral varye dapre abilite e nivo etidyan an nan Kreyòl.)

_____
_____
_____
_____

12A-Men repons, poze kesyon.
1- Li pa fasil pou vizite yon lopital.
K: (Èske) li fasil pou vizite yon lopital?
2- Lè ou wè moun yo.
K: Kilè ou gen lapenn?
3- Wi, gen moun ki ospitalize akoz malnitrisyon.
K: (Èske) gen moun ki ospitalize akoz malnitrisyon?
4- Wi, gen moun nan òtopedi. Apre yon grav aksidan.
K: (Èske) gen moun nan òtopedi? Kilè yo ale nan òtopedi?
5- Wi, sa di lè yon zantray ap soufri.

12B-Mete yon vèb nan plas vid yo.
1- Pou _**vizite**_ yon lopital li pa fasil.
2- Ou _**gen**_ lapenn lè ou _**wè**_ moun yo pafwa.
3- Gen moun ki ap _**soufri**_ akòz malnitrisyon.
4- Moun _**ale**_ nan òtopedi akoz enpridans.
5- Pou wè yon zantray ki ap _**soufri**_ sa di anpil.

Douce / Lekti Kreyòl

12E- Mare mo ak definisyon ki koresponn yo ansanm.

1- Lapenn   a)- Maladi ki atake poumon moun.

2- Lopital   b)- Kote yo pran swen moun zo kase.

3- Chiriji   c)- Se yon kay kote yo pran swen moun.

4- Tibèkiloz   d)- Lè kè pa kontan.

5- Òtopedi   e)- Kote yo fè moun operasyon.

Ekriti Lib oubyen Dirije (Repons lan pral varye dapre abilite e nivo etidyan an nan Kreyòl.)

_____
_____
_____
_____
_____
_____
_____
_____
_____
_____
_____
_____

13A-Mete vèb ki manke yo.
1-Tonèl _**fèt**_ ak pay kokoye ki _**trese**_ .
2- Bòs yo __**sèvi**___ ak gonmye lè pa __**gen**___ chèn ak kajou.
3-Pou _**fè**__ yon tonèl, se yon gwo travay.
4- Tonèl ___**se**__ kay solèy.

13B-Se vre oubyen se pa vre?
1- Tonèl fèt ak pay kann. _____ **(Se pa vre)**
2-Bwa gonmye solid anpil. _____ **(Se pa vre)**
3-Bwadchèn solid anpil._____ **(Se vre)**
4-Tonèl pèmèt moun pare lapli. _____ **(Se pa vre)**
5-Anba tonèl ou ka pare solèy. _____ **(Se vre)**

13E-Men repons, poze kesyon.
1- Li fèt ak pay kokoye.
K: Akisa/Ak kisa tonèl/li fèt?
2- Non, solèy sèlman.
K: Èske tonèl bare lapli?
3- Yo trese yo tribòbabò.
K: Kijan yo sèvi ak/trese pay kokoye pou fè tonèl?
4- Lè pa gen chèn ak kajou.
K: Kilè yo sèvi ak gonmye?
5- Tonèl la pi bon.
K: Tonèl la ak anyen ditou (ki)sa ki pi bon?

Douce / Lekti Kreyòl

14A-Reponn kesyon sa yo.
1-Ki moun ki ede enjenyè nan chantye?
R: Bòs fòmann (ede enjenyè nan chantye).
2-Ki sa fòmann nan fè?
R: Fòmann nan sipèvize detay travay yo.
3-Ki pati nan travay la enjenyè a sipèvize?
R: Enjenyè a sipèvize pi gwo moso nan travay la.
4-Kisa ti ouvriye yo fè?
R: Ti ouvriye yo fè tout travay la./Tout travay la pase nan men ti ouvriye yo.
5- Èske ou konn travay nan chantye? **Repons posib:**
   Wi, mwen konn travay nan chantye.
   Non, mwen pa konn travay nan chantye.

14B-Chwazi bon repons la.
1-Mwen bezwen yon _____ pou bati kay mwen. (**enjenyè**, doktè)
2-Fòmann nan ede_____ a. (**enjenyè**, enfimyè)
3-Enjenyè a sipèvize_____ travay la. (**plan**, detay)
4-Tout travay la pase nan men _____ santye a. (ti sòlda, **ouvriye**)
5-Enjenyè a sipèvize travay la _____ (toutan, **tanzantan**).

14E-Mete tèks la opliryèl.

Bòs Fòmann

Lè chantye ap bati, enjenyè pa ka rete toutan sou plas. **Yo** bezwen bon fòmann. Fòmann **yo** la pou sipèvize detay travay yo, pandan enjenyè **yo** ap sipèvize pi gwo moso nan travay **yo**. Men tout travay; gwo oubyen piti, dwe nòmalman pase nan men ouvriye ki pi piti yo.

Douce / Lekti Kreyòl

15A-Men repons, poze kesyon.
1- Nan yon faktori rad.
K: (Ki)kote w ap travay?
2- Nou fè boul bezbòl.
K: (Ki)sa nou fè nan faktori a?
3- Bonè nan maten.
K: Kilè yo leve?
4- Se yon zegwi ki fè mwen sa.
K: (Ki)sa ki rive/pase dwèt ou?
5- Manman ap mouri grangou.
K: (Ki)sa ki ap rive si yo pa kontinye travay?

15B-Mete yon vèb nan plas vid yo.
1- M ap **travay** nan yon faktori.
2- Moun k'ap travay yo **leve** bonè.
3- Moun yo pa byen **manje**.
4- Dwèt yo ap **senyen** men yo **bije** fè travay la.
5- Se moun k ap **goumen** ak lamizè.

15E-Mare mo ak definisyon kòrèk la.
1- Faktori **j**   a)- Kote moun ale pou aprann.
2- Mouri **d**   b)- Yon bagay ki fèt tou won.
3- Boul **b**   c)- Dechire, blese
4- Bout di **f**   d)- Sispann viv.
5- Lamizè **e**   e)- Mankman, soufrans
6- Zegwi **g**   f)- Anpil mizè, lapenn ak chagren
7- Devore **c**   g)- Zouti ak pwent pou moun koud.
8- Senyen **h**   h)- San k'ap koule.
9- Lekòl **a**   i)- Moun ki pa gen lasante.
10- Malad **i**   j)- Yon gwo izin kote moun travay.

Douce / Lekti Kreyòl

16A-Mete yon vèb nan espas vid yo.
1-Motosiklis yo ___**pran**_ wout la tankou kòk kalite.
2-Ti frè mwen an **renmen**_ kous moto.
3-Li __**kite**___manje lakay li pou li pa _**pèdi**_ anyen.
4-Li tèlman _**fè**__ mouvman li __**ba**__ moun kèk kalòt.
5-Ti frè mwen an_**renmen**_ _**wè**_lè yon moto ap _**double**_ yon lòt.

16B-Se vre oubyen se pa vre?
1-Motosiklis yo pran wout la tankou de kabrit. **(Se pa vre)**
2-Ti frè mwen an pa renmen kous moto. **(Se pa vre)**
3-Ti frè mwen an renmen wè lè yon motosiklis panche. **(Se vre)**
4- Ti frè mwen an konnen lè li bay kalòt. **(Se pa vre)**
5-Ti frè mwen an pa janm fè mouvman lè gen kous moto. **(Se pa vre)**

16E- Chwazi repons ki kòrèk la.
1-Ti frè mwen an renmen ale nan_____.
a)-match **b)-kous moto**
2-Lè moto pa li a _____li kontan anpil.
a)- pèdi   **b)-genyen**
3-Ti frè mwen an bay moun kèk _____.
a)-koutpye **b)-kalòt**
4-Ti frè mwen an_____lè li bay kalòt.
a)-konnen **b)-pa konnen**
5-Ti frè mwen an kite manje lakay, pou li _____.
a)-pa jwenn anyen **b)-pa pèdi anyen**

Ekriti Lib oubyen Dirije (Repons lan pral varye dapre abilite e nivo etidyan an nan Kreyòl.)

_____
_____
_____
_____
_____
_____

17A-Reponn kesyon sa yo.
1- Sa gran sè mwen an renmen fè?
R: Gran sè mwen an/Li renmen fè makèt.
2- Kisa li fè anvan li achte?
R: Li mache anndan tout makèt la anvan li achte.
3-Kisa li renmen achte pou li fè sandwitch?
R: Li renmen achte janbon ak montadèl (pou fè sandwitch)./Janbon ak montadèl.
4-Ki moun ki ale ak li (avè l)?
R: Li renmen ale ak ti frè mwen an, Yabout.
5- Poukisa Yabout ale avè l?
R: Paske li renmen achte men li pa renmen pote.

17B-Chazi repons ki korèk la.

1-Gran sè mwen an renmen ale_____.
a)-lekòl   b)-legliz   **c)-nan makèt**
2-Anvan sè mwen an achte li _____.
a)- kouri anndan makèt la.   **b)-mache anndan makèt la.**   c)-danse anndan makèt la.
3- Sè mwen an _____ poul dèyè vitrin.
a)-manje   **b)-gade**   c)-manyen
4 - Sè mwen an renmen achte
a)-diri ak pwa   b)-djondjon ak pistach   **c)-montadèl ak janbon.**

17E-Bay kontrè mo sa yo.

Gran __piti__   Renmen _rayi_
Ale _vini/tounen_   Anndan **deyò**__
Ak = Avèk _san_   Achte _vann_
Frè _sè__   Agoch **adwat**
Anvan _apre_   dèyè __devan_

18A-Poze kesyon pou repons sa yo.

1- Li konnn monte bisiklèt.
K: (Ki)sa li konn monte?
2- Non, Tijan pa t janm dekouraje.
K: Èske Tijan te janm dekouraje?
3-Se te kite pye li sou pedal la.
K: Kisa ki te pi difisil pou Tijan?
4-Li te pran anpil so.
K: (Kisa ki te rive Tijan?/Kisa k(i) te pase Tijan?
5-Wi, m kapab monte tou.
K: Èske w kapab monte tou?/Èske ou kapab monte tou?/Ou kapab monte tou?

Douce / Lekti Kreyòl

18B-Mete yon vèb oubyen yon adjektif nan plas vid yo.
1-Tijan te konn __**monte**__ bisiklèt.
2-Kounyeya Tijan se ___**gwo**___ drayvè.
3-Se sa ki __**fè**__ li pa te __**dekouraje**___.
4-__**Kite**__ pye li sou pedal la te pi __**difisil**__.
5-Apre sa, se te __**kouri/woule**___ san moun pa __**kenbe**__ li.

18E-Mare mo ak definisyon ki kòrèk la.
1-Bisiklèt **a)**   a)-Yon aparèy de wou ki woule
2- Dekouraje **f)**   b)-Yon chofè, yon moun ki konn kondui
3- Pedal **e)**   c)-Reprezante nan lespri w.
4- So **j)**   d)-Nan moman n ap pale a
5- Panse **c)**   e)-Kote ou depoze pye ou pou kondui yon bekàn
6- Wou **h)**   f)-Pèdi fòs, pèdi kouraj
7- Drayvè **b)**   g)-Soufrans ak anpil lapenn
8- Moute **i)**   h)-Pyès tou won ki pèmèt bekàn nan woule
9- Mizè **g)**   i)-Kondui yon bisiklèt
10-Kounyeya **d)**   j)-Tonbe

Douce / Lekti Kreyòl

19A-Mete yon vèb nan plas vid yo.
1- Mache ___mete___ chalè nan kè.
2-Machann yo _**rasanble**_, yo **soti**_nan bouk.
3-Nou _**renmen**_ mache, se li ki _**grandi**_ nou.
4-Tout machann yo_**reyini**__yo ap _**vann**__.
5-Nan mache a _**gen(yen)**___ fwi, _**gen(yen)**__ legim ak sereyal.

19B-Se vre oubyen se pa vre?
1-Mache se yon plas ki pa gen aktivite. **(Se pa vre)**
2-Nan mache machann tout bouk rasanble ansanm. **(Se vre)**
3-Tout machann yo vini sou bèt. **(Se pa vre)**
4-Gen machann ki pa vann. **(Se pa vre)**
5- Gen machann kenèp nan mache a. **(Se vre)**

19E-Reponn kesyon sa yo dapre tèks la.
1- Ki kote machann yo sòti?
R: Machann yo sòti nan tout bouk yo.
2-Kijan machann yo vini nan mache a?
R: Genyen ki vini sou bèt, genyen ki vini apye.
2- Kisa pratik yo jwenn pou yo achte?
R: Pratik yo jwenn fwi, viv, sereyal, vyann ak legim pou yo achte.
4-Èske gen machann vyann nan mache a?
R: Wi, gen machann vyann nan mache a.
5-Èske ou renmen al nan mache? Poukisa?
Repons yo pral varye. Egzanp :
Mwen renmen al nan mache paske….
Mwen pa renmen al nan mache paske…

20A-Reponn kesyon sa yo dapre lekti a.

1-Èske pran taptap fasil nan peyi D Ayiti?
R: Non, pran taptap pa fasil nan peyi D Ayiti.
2-Èske toujou gen plas? Sa moun bije fè?
R: Non, pa toujou gen plas. Moun kwense kò yo.
3-Kijan moun yo chita pafwa?
R: Pafwa moun yo chita youn sou lòt.
4-Kisa ki konn rive moun san yo pa konnen?
R: Anpil moun frape lòt san yo pa konnen.
5-Kisa kèk moun pral fè lè taptap la rive?
R: Anpil moun pral rale lòt soti pou yo antre.

20B-Ansèkle mo kòrèk la dapre lekti a.

1- (Desann/**Pran**) taptap se yon gwo tèt chaje.

2- Anpil fwa kèk moun bije (kouche/**kwense**) kò yo.

3- Lè trajè a (kout/**long**) moun frape lòt moun.

4- Tout moun (chita/**gonfle**) nan yon kwen.

5- Anpil moun pral (**rale**/pouse) lòt sòti.

Douce / Lekti Kreyòl

20E-Bay kontrè mo sa yo.
1-Pran __bay__
2-gwo __piti__
3-Anpil __ti kras__
4- pafwa __toutan__
5- chita __kanpe__
6- long __kout__
7- rive __deplase__
8- rale __pouse__
9- sòti __antre__
10-lavi __lanmò__

21A-Se vre oubyen se pa vre?
1-Semèn nan fèk kòmanse. **(Se pa vre)**
2-Pòl deside al nan plaj ak madanm ni. **(Se vre)**
3-Pòl bezwen bwè yon ti dlo lanmè. **(Se pa vre)**
4-Yo ale nan lanmè samdi bonè. **(Se vre)**
5-Fòk tout moun tounen lakay yo lendi. **(Se pa vre)**

21B-Mete yon vèb nan plas vid yo.
1-Semèn nan pral ___**fini**___.
2-Pòl _**bezwen**_ **tranpe** kò li nan lanmè.
3-Pòl __**anbake**__ machin nan depi vandredi.
4-Nan plaj la timoun __**monte**__ sou chanm, granmoun **naje**.
5-Moun yo _**benyen**_, yo _**naje**_. Yo _**mache**_ sou sab lanmè.

Douce / Lekti Kreyòl

21E-Mare chak mo ak definisyon li.

1- Semèn **j)**		a)- Bò lanmè
2- deside **i)**		b)- Yon ti bato amotè ki rapid.
3- plaj **a)**		c)- Ti grenn wòch kraze
4- vwazen **h)**		d)-Deplase nan dlo san danje.
5- tranpe **g)**		e)-Yon bagay an kawotchou ki ka gonfle e flote sou dlo.
6- anbake **f)**		f)- Mete tout bagay nan yon veyikil pou vwayaje.
7- chanm **e)**		g)- Mouye yon kò oubyen yon bagay nan dlo.
8- naje **d)**		h)- Yon moun ki abite tou pre w.
9- sab **c)**		i)- Pran detèminasyon pou fè yon bagay.
10-chaloup **b)**		j)- Yon total sèt jou.

22A- Mete vèb ki manke a nan plas vid yo.
1-Ou kapab **vwayaje** apre ou **fin** gen viza.
2-Demach pou ale nan yon peyi oubyen yon lòt **sanble**.
3- Moun sou "Stannbay" lè yo pa **jwenn** plas.
4- Yon gwo opalè **mande** pasaje yo pou yo **anbake**.
5- Zwazo a **pran** lè a pou li.

Douce / Lekti Kreyòl

22B-Se vre oubyen se pa vre?
1- Ou pa bezwen viza pou vwayaje lòtbò dlo. **(Se pa vre)**
2- Se pou ou fè rezèvasyon avan ou pati. **(Se vre)**
3- Lè moun pa jwenn plas yo tounen. **(Se pa vre)**
4- Okenn moun pa tcheke zefè yo. **(Se pa vre)**
5- Apre sa avyon an vole anba lanmè. **(Se pa vre)**

22E-Poze kesyon pou repons sa yo.
1- Ou bezwen paspò ak tout viza.
K: Kisa m bezwen pou m vwayaje?
2- Lè yo pa jwenn plas.
K: Kilè moun sou 'stannbay'?
3- Tout moun nan liy.
K: Kote tout moun ye?
4- Se yon gwo opalè ki mande sa.
K: Kiyès/Kilès ki mande moun you pou yo anbake?
5- Lè tout moun fin anbake.
K: Kilè avyon an vole/pran vòl?

Douce / Lekti Kreyòl

23A- Reponn kesyon sa yo.
1- Kijan madan Felòm rele?
R: Madan Felòm rele Anita.
2- Kisa ki rive semèn sa a?
R: Semèn sa a, Felòm ak Anita fèk gen yon ti bebe.
3- Ak ki moun ti bebe a sanble?
R: Ti bebe a sanble ak papa li tèt koupe.
4- Kisa Felòm fè lè ti bebe a fèt?
R: Lè ti bebe a fèt, Felòm kriye: "mèsi Bondye mwen resi papa".
5- Kisa ti bebe a reprezante?
R: Ti bebe a reprezante konbinezon lanmou de moun yo.

23B- Mete mo ki manke a dapre lekti a.
1- Felòm ak Anita marye __depi__ yon bon ti tan.
2- Yo __fèk__ gen yon ti bebe.
3- Ti pitit la sanble __ak__ papa li.
4- Felòm kriye: "mwen __resi__ papa".
5- Gade bebe __nan__ bèso a.

23E-Bay kontrè mo sa yo.

Marye __divòse__

Afeksyon __rayisman__

Fèt __mouri__

Lanmou __hèn/lahèn__

Deja __poko__

Piti __gran__

Kòmanse __fini__

Timoun __granmoun__

Anpil __tikras__

Bon __move__

23F-Kopye tèks la pandan pwofesè a ap li l. (Li tèks la dousman, fraz pa fraz pandan etidyan yo ap ekri.)

Douce / Lekti Kreyòl

Ekriti Lib oubyen Dirije (Repons lan pral varye dapre abilite e nivo etidyan an nan Kreyòl.)

_____
_____
_____
_____
_____
_____
_____
_____
_____
_____
_____
_____
_____
_____
_____
_____
_____
_____
_____

Douce / Lekti Kreyòl

24A- Men yon seri repons, poze kesyon.
1- Iya te rete bò lakay.
R: Ki kote Iya te rete?
2-Li te konn kenbe mwen lè mwen te piti.
K: Kisa li te konn fè lè mwen te piti?
2- Non, frè mwen an ak anpil lòt timoun nan vwazinaj la tou.
K: (Èske) se ou sèlman li te konn kenbe?
4-Non, li pa t janm fin refè nèt.
K: Èske Iya te fin refè?
5-Se chak maten li leve nou ak yon tas kafe.
K: Kisa Iya te konn fè chak maten?

24B-Mete yon vèb nan plas vid yo.
1-Ti granmoun nan te __renmen__ moun anpil.
2-Manman mwen te toujou __di__ ti granmoun nan te __konn__ __kenbe__ m.
3-Li __leve__ nou ak yon tas kafe chak maten.
4-Iya pa t janm __fin__ refè nèt.
5-Maladi a __touye__ kò Iya men lanmou li __rete__ tou limen.

24E-Mare chak mo ak definisyon ki koresponn ak li.

1-Bò **h)** a)-Ki pèdi lajwa.
2-Manman **g)** b)-Ki pèdi lasante l
3-Kenbe **d)** c)-Ki rejwen lasante l
4-Anpil **f)** d)-Pote nan men
5-Malad **b)** e)-Koupe/etenn lavi yon moun.
6-Refè **c)** f)-Yon bon valè, yon pakèt
7-Tris **a)** g)-Fanm ki te pote ou nan vant li.
8-Touye **e)** h)-Tou pre, kote.
9-Flanm **j)** i)-Ki bay limyè
10-Limen **i)** j)-Limyè yon bagay k ap brile bay.

25A-Mete vèb ki manke a nan plas vid yo.
1-Pòtoprens ___**vin**___ pòtre yon timoun mazora.
2-Nou pa ___**pran**___ konsyans.
3-Se nou menm ki ___**fòme**___ jenerasyon sa a.
4-Nou ___**dwe**___ kòmanse ___**plenn**___.
5-Kote soufrans nou __**soti**_____.

25B-Di se vre oubyen se pa vre.
1-Anbago fè Pòtoprens bèl. **(Se pa vre)**
2-Pòtoprens tankou yon timoun ki gen bèl dan. **(Se pa vre)**
3-Anbago sou Ayiti lakòz dlo nan je. **(Se vre)**
4-Tèks la di anbago a kòmanse an 1994. **(Se vre)**
5-Listwa pral jije jenerasyon sa a. **(Se vre)**

25E-Men kèk repons, poze kesyon.

1-Paske gen anbago sou peyi a.
K: Poukisa tout pwoblèm sa yo?
2-Se maladi moun ki soufri malnitrisyon.
K : Kisa kwatchòkò ye?
3-Se yon moun ki pèdi dan devan.
K: (Ki)sa mazora ye?/(Ki)sa mazora vle di?
4-Nou dwe kòmanse plenn.
K: Kisa jenerasyon nou an dwe fè?
5-Soufrans nou pa sòti lwen.
K: Kote soufrans nou soti?/Èske soufrans nou sòti lwen.

Konsiltasyon

Aski, J. M. (2003). Foreign language textbook activities: Keeping pace with second language acquisition research. *Foreign Language Annals, 36*(1), 57-65.

Brady, A. M. (2005). Assessment of learning with multiple-choice questions. *Nurse Education in Practice, 5*(4), 238-242.

DeGraff, M. (2007). Kreyòl Ayisyen, or Haitian Creole (Creole French). *Comparative creole syntax: Parallel outlines of, 18,* 101-126.

Dejean, Y. F. (1977). *Comment Ecrire Le Creole D'Haiti. (French Text).* Indiana University.

Ding, L., & Beichner, R. (2009). Approaches to data analysis of multiple-choice questions. *Physical Review Special Topics-Physics Education Research, 5*(2), 020103.

Schieffelin, B. B., & Doucet, R. C. (1992). The "real" Haitian Creole: metalinguistics and orthographic choice. *Pragmatics, 2*(3), 427-443.

Sumita, E., Sugaya, F., & Yamamoto, S. (2005, June). Measuring non-native speakers' proficiency of English by using a test with automatically-generated fill-in-the-blank questions. In *Proceedings of the second workshop on Building Educational Applications Using NLP* (pp. 61-68).

Vernet, P. (1980). Techniques d'écriture du créole haïtien. *Haiti: Le Natal.*

Worksheet Magic 1.2. 1999. Developed by GAMCO Educational Software.

www.ingramcontent.com/pod-product-compliance
Lightning Source LLC
Chambersburg PA
CBHW080411300426
44113CB00015B/2476